AF229066

UNE ANNÉE.

Se trouve à Lyon,

A LA LIBRAIRIE INDUSTRIELLE ET D'ÉDUCATION

DE CHAMBET FILS,

QUAI DES CÉLESTINS ;

CHEZ CHAMBET PÈRE, LIBRAIRE,

PL. DES TERREAUX, PALAIS ST-PIERRE, N. 16,

ET CHEZ ROUBIER,

PL. BELLECOUR, N. 17.

Une Année,

OU

LA FRANCE DEPUIS LE 27 JUILLET 1830 JUSQU'AU 27 JUILLET 1831;

PAR

M. H. DE JAILLY.

Il aimait trop César. — Oui, je l'aimais, Romains.
VOLTAIRE.

Paris,

CHEZ DENTU, AUDIN, HIVERT, ADRIEN LECLERC
ET DELAUNAY, LIBRAIRES.

1831.

CHAPITRE I.

—

LES TROIS JOURNÉES.

UNE ANNÉE.

CHAPITRE I.

Les Trois Journées.

———

Væ victis......!
BRENNUS.

(Traduction d'un journal de Minorque insérée
dans le *Moniteur* du 27 juillet 1830.)

« Alger et son dey sont au pouvoir des Français ! Honneur et gloire aux armes de Charles X,

chef des Bourbons, souverain que respectent et chérissent à tant de titres les autres souverains du monde, monarque que ses peuples aiment à l'égal d'un père, Charles X, à qui la France doit aujourd'hui ses prospérités ! Honneur à ses armes ! Alger et son dey sont au pouvoir des Français !

« Ce qu'aucune nation n'a pu faire, la France vient de l'achever. Honneur à vous, généraux habiles, soldats intrépides, braves marins ! la France et l'Europe se rappelleront éternellement vos glorieux travaux !

« Plus d'esclavage, Nations européennes ! la France vous affranchit de ces honteux tributs qu'un odieux pirate imposait à votre faiblesse. Plus d'esclavage ! le commerce libre dorénavant de toute entrave, verra renaître une prospérité que ses sacrifices lui ont méritée. Honneur à vous, Charles X, modèle des rois, honneur à vous ! la postérité vous a décerné une nouvelle couronne, la reconnaissance des peuples contemporains! »

Le lendemain 28, la poésie s'emparait à son tour des colonnes du *Moniteur* : un chant français, à l'occasion de la prise d'Alger, commençait ainsi la plus remarquable de ses strophes :

> Louange, ô louange éternelle
> Au règne qui brise les fers !

Ainsi, de Minorque à Paris, de Paris dans la France, de la France dans toute l'Europe, le règne de Charles X était glorifié.

Maintenant voici la copie littérale du *Moniteur* tout entier, à la date des jeudi 29 et vendredi 30 juillet :

GOUVERNEMENT PROVISOIRE.

« Les députés présents à Paris ont dû se réunir pour remédier aux graves dangers qui menaçaient la sûreté des personnes et des propriétés. Une commission a été nommée pour veiller aux intérêts de tous, dans l'absence de toute organisation régulière.

« MM. AUDRY DE PUYRAVEAU,
      Comte GÉRARD,
      Jacques LAFITTE,
      Comte DE LOBAU,

MAUGUIN,

ODIER,

Casimir PÉRIER,

DE SCHONEN,

composent cette Commission.

« Le général LAFAYETTE est commandant en chef de la garde nationale.

« La garde nationale est maîtresse de Paris sur tous les points. »

Que s'était-il donc passé, Grand Dieu ! et dans quel abyme avait pu être engloutie une monarchie de quatorze siècles et les descendants de soixante rois, et une charte, un pouvoir, une armée? Pour remonter aux causes immédiates, il nous suffira d'ouvrir encore le *Moniteur*. Le 25 juillet, sa partie officielle renfermait un Rapport au Roi. Ce document appartient déja à l'his-toire ; les événements qui nous dominent se succèdent si rapidement que nous sommes pour nous-mêmes la postérité. Le rapport finissait ainsi :

« L'article 14 a investi Votre Majesté d'un pouvoir suffisant, non sans doute pour changer nos institutions, mais pour les consolider et les rendre immuables.

« D'impérieuses nécessités ne permettent plus de différer l'exercice de ce pouvoir suprême, le moment est venu de recourir à des mesures qui rentrent dans l'esprit de la Charte, mais qui sont en dehors de l'ordre légal dont toutes les ressources ont été inutilement épuisées.

« Ces mesures, Sire, vos ministres qui doivent en assurer le succès, n'hésitent pas à vous les proposer, convaincus qu'ils sont que force restera à la justice.

« Nous sommes avec le plus profond respect, etc.

« *Signé* Prince DE POLIGNAC,
        CHANTELAUZE,
        Baron D'HAUSSEZ,
        Comte DE PEYRONNET,
        MONTBEL,
        Comte DE GUERNON-RANVILLE,
        Baron CAPELLE. »

Puis on lisait :

ORDONNANCES DU ROI.

1re « La liberté de la presse est suspendue, etc., etc.

2e « La Chambre des Députés est dissoute, etc., etc.

3e « Ayant résolu de prévenir le retour des manœuvres qui ont exercé une influence pernicieuse sur les dernières opérations des colléges électoraux;

« Voulant en conséquence réformer selon les principes de la Charte constitutionnelle les règles d'élection dont l'expérience a fait sentir les inconvénients,

« Nous avons reconnu la nécessité d'user du droit qui nous appartient de pourvoir par des actes émanés de nous à la sûreté de l'état et à la répression de toute entreprise attentatoire à la dignité de la couronne.

« A ces causes,

« Notre conseil entendu,

« Nous avons ordonné et ordonnons ce qui suit :

« Art. 1er. Conformément aux articles 15,

36 et 5o de la Charte constitutionnelle, la Chambre ne se composera que de Députés des départements, etc. » *(Voir le Moniteur.)*

Les ordonnances étaient contre-signées de tout le ministère responsable; il s'agissait de les mettre à exécution. On commença par les journaux. Les propriétaires des feuilles périodiques libérales avaient fait une protestation; on voulut employer la force pour empêcher l'impression et la distribution du *Journal des Débats*, du *Courrier*, du *Constitutionnel*, etc. Des rassemblements d'ouvriers imprimeurs se formèrent et parcouraient les rues de Paris par milliers; on parvint assez facilement à les dissiper dans la soirée du 27; le lendemain 28, ils se reformèrent. Dès le commencement du jour le peuple des faubourgs s'agita, les élèves des écoles de droit et de médecine augmentèrent les forces de l'insurrection; en peu d'instants elle devint générale, en ce sens du moins que l'on y prit part dans tous les quartiers de Paris. La garde nationale reparut avec son ancien uniforme; l'armée et le peuple se trouvèrent en présence. Le maréchal Marmont avait été nommé commandant en chef de tout ce que Paris renfermait de soldats. Sans doute le maréchal a du courage personnel ; sans nul doute, on lui reconnaît de la capacité ; dans toute sa carrière militaire et politique il a constamment été brave et dévoué, mais inutilement ; c'est l'homme de *guignon* de la guerre. Ce choix était de mauvaise augure pour la royauté.

Le mercredi 28, on attaqua l'Hôtel-de-Ville ; il est pris, abandonné, repris plusieurs fois ; à la Grève on se bat, on se bat au Louvre ; dans la rue Saint-Honoré, sur le Pont-Neuf le sang avait coulé, le duc de Raguse avait perdu six cents hommes de la garde royale. Les tours de Notre-Dame portent le drapeau tricolore ; l'Abbaye est enlevée. Les journaux opposés au gouvernement peignent eux-mêmes les citoyens secourus par les citoyens, chaque maison offrant un lieu de repos, chaque place couverte de rafraîchissements et de vivres, chaque instant ajoutant aux munitions déja considérables ; tandis que les soldats étaient hâletants de soif, affamés, les munitions épuisées, tant le gouvernement avait peu prévu l'attaque et la résistance. Cette faute inouïe est devenue plus tard une consola-

tion peut-être : on n'a pas eu à se reprocher d'a-
voir désiré, excité la guerre civile ; et il a été
prouvé par la faiblesse de la défense qu'on avait
cru une insurrection impossible.

Nous sommes au jeudi 29. Dans la nuit du
27 au 28 les rues avaient été barricadées : sur
les boulevards, avec des arbres; ailleurs, avec
des voitures qu'on dételait pour les coucher à
travers la rue ; on les environnait de pierres,
espèce de rempart improvisé ; les pavés étaient
montés au haut des maisons : c'était l'artillerie
populaire , écrasante comme les masses !

L'Hôtel-de-Ville avait été pris dans la journée
du mercredi, il restait à forcer le Louvre et les
Tuileries. La foule avait désarmé les gendarmes,
les soldats de la ligne, les vétérans, jusqu'aux
pompiers. L'arcenal pacifique des théâtres avait
été enlevé, et l'opéra et le mélodrame fourni-
rent des lances, des épées sur lesquelles on
n'avait pas compté. Ce fut le 29 que les élèves
de l'École polytechnique forcèrent les portes de
leur hôtel et vinrent non seulement se joindre,
mais se mettre à la tête des combattants populaires. La garde royale engagée témérairement
dans les rues et foudroyée à coups de pavé, les

chevaux, comme les cavaliers, privés d'abri et de nourriture, des ordres faiblement donnés devaient amener une déroute générale; elle ne se fit pas attendre. A une heure après midi Paris était vainqueur, les casernes brûlées, l'archevêché pillé; l'hôtel des Gardes-du-Corps, l'Hôtel-de-Ville, le Louvre, les Tuileries appartenaient aux citoyens armés; toute la ligne s'était rendue ainsi que plusieurs corps de la garde royale, mais, empressons-nous d'ajouter, non sans avoir combattu avec ardeur, avec fidélité; des patrouilles parcouraient les différents quartiers de la ville, une chambre des députés délibérait, un gouvernement provisoire donnait des ordres; il n'était plus question du Roi ni de la royauté: trois jours avaient passé, une révolution était consommée, accomplie !

Nous n'avons pas pris l'engagement de la juger.

De part et d'autre il y eut héroïsme. Du côté du peuple, un désintéressement fabuleux : on brisait des meubles, on aurait tenu à déshonneur d'en emporter un débris; on jetait dans la Seine de l'or, des richesses, il ne vint à l'idée de personne d'en garder pour soi. On faisait

passer sa fortune par la fenêtre, au bas on prodiguait sa vie. Ainsi, on se battait à coups de
sacrifice ; l'exaltation patriotique remporta la
victoire ; l'égoïsme ne se montra sur aucun
point, il ne parut que plus tard, ennemis dé-
faits. Les prudents avaient fui le danger, c'est
dans leur nature ; ils vinrent fièrement s'asseoir
au camp des vainqueurs, c'était dans leur esprit ;
seuls à peu près ils ont profité de la victoire.
Cette heureuse adresse a passé toutes les prévisions.

Nous bornons à cette esquisse le récit des
trois journées que les vainqueurs appellent *glo-
rieuses*, que les vaincus trouvent *funestes*,
mais qui resteront pour tous ce qu'elles sont en
effet, *mémorables*.

CHAPITRE II.

LA RÉVOLUTION.

✸

CHAPITRE II.

La Révolution.

O couronne de France, que le ministère de justice que tu imposes te rend précieuse! mais que tu es un fardeau redoutable! Et qui oserait te placer sur sa tête, si l'on considérait les tourments, les travaux, les dangers continuels auxquels tu soumets ceux qui doivent te porter?

PAROLES DE CHARLES V.

« Paris, 30 juillet.

« La cause de la liberté a triomphé pour jamais; *les citoyens de Paris* l'ont reconquise par leur courage.

« Après une attaque fort chaude, les Tuileries sont tombées au pouvoir des citoyens ; *elles n'ont pas été pillées.* L'étendard tricolore flotte sur tous les édifices.

« Une commission municipale chargée de veiller à tout ce qui concerne les intérêts de la capitale siége à l'Hôtel-de-Ville.

« Les députés se sont réunis plusieurs fois ; aujourd'hui même, ils siégent dans la salle ordinaire des séances.

« Demain, la capitale sera organisée.

« La commission municipale est composée de

« MM. JACQUES LAFITTE,
CASIMIR PÉRIER,
Comte DE LOBAU,
DE SCHONEN,
AUDRY DE PUYRAVEAU. »

Tel fut le premier pouvoir organique de la révolution de juillet ; tels furent aussi ses premières paroles officielles.

Et cependant le Roi était à Saint-Cloud ; M. le Dauphin, Madame, duchesse de Berry, Mademoiselle, et M. le duc de Bordeaux n'avaient pas quitté Charles X. Madame la Dauphine était attendue du Bourbonais, où elle était allée prendre les eaux. Les ministres assemblés aux Tuileries n'avaient quitté ce palais que peu d'instants avant le siége formé par le peuple; M. de Sémonville et le duc de Mortemart admis auprès du Roi avaient appris à Charles x les progrès et le succès de la révolution. Déterminé par cette unique pensée d'arrêter l'effusion du sang, le Roi consentit à rapporter les ordonnances de juillet; il accepta la démission du ministère Polignac, et chargea M. de Mortemart de composer le cabinet. Charles x ne s'en tint pas là : quelques heures après, lorsqu'il le jugea nécessaire, il abdiqua, ainsi que Louis-Antoine, dauphin, la couronne de France en faveur de S. A. R. le duc de Bordeaux.

Pendant qu'à Saint-Cloud les choses se passaient ainsi, la chambre des députés publiait des proclamations, et nommait M. le duc d'Orléans lieutenant-général du royaume; on faisait paraître une déclaration imitée de celle de Saint-Ouen. Elle annonçait :

« Le rétablissement de la garde nationale avec l'intervention des gardes nationaux dans le choix des officiers;

« L'intervention des citoyens dans la forma-
tion des administrations départementales et municipales ;

« La responsabilité légalement organisée des
ministres et des agents secondaires de l'administration ;

« L'état des militaires assuré ;

« Le développement dont nos institutions ont
besoin. »

Nous verrons dans la suite comment a été tenu
ce programme tout magnifique de promesses.

Le 2 août, M. le duc d'Orléans quitte Neuilly,
et vient avec sa famille habiter le Palais-Royal ;
il annonce par une proclamation qu'il accepte la
lieutenance-générale du royaume, et finit par
ces mots souvent cités depuis : *une charte sera
désormais une vérité.*

Le 4 août, la commission municipale de Paris
apprend aux habitants de cette ville « que Char-
« les X et sa famille avaient évacué Rambouillet
« le 3 août à dix heures du soir, et qu'ils se
« dirigeaient sur Chartres ». Le même jour on
sut que le Roi continuerait sa route jusqu'à Cherbourg, où il s'embarquerait.

Le 7 août, la chambre des députés, composée de 252 membres, reconstitua la constitution du pays : en une séance, la charte de Louis XVIII fut remise en question, diminuée, changée et délibérée ; la religion catholique cessa d'être la religion de l'état ; on se contenta de la déclarer celle de la majorité des Français ; l'article 14, dont le sens ou l'interprétation venait de causer de si grands maux fut supprimé ; toutes les nominations et créations nouvelles de pairs faites sous le règne de Charles X furent déclarées nulles et non avenues ; l'article 27 de la charte, d'où ressortait l'hérédité de la pairie, fut soumis à un nouvel examen dans la session de 1831 ; enfin, la chambre passa outre sur l'abdication du roi Charles et du Dauphin, elle déclara le trône vacant en fait et en droit, et S. A. R. Louis-Philippe, duc d'Orléans, et ses descendants à perpétuité de mâle en mâle par ordre de primogéniture et à l'exclusion perpétuelle des femmes et de leurs descendants, roi des Français.

Il y eut au dépouillement du scrutin 216 boules blanches, 33 boules noires.

La résolution de la chambre des députés portée à la chambre des pairs fut adoptée après une courte discussion, et aussi en une seule séance; le nombre de MM. les pairs était 114. Résultat du scrutin :

>Pour la déclaration, ... 89.
>
>Contre, ... 10.
>
>Billets blancs, ... 14.
>
>Bulletin nul, ... 1.

Dès cinq heures du soir, le même jour, la chambre des députés précédée de la garde nationale se rendit au Palais-Royal; là, le duc d'Orléans reçut MM. les députés; M. Lafitte prit la parole et lut au prince l'acte de constitution; S. A. R. répondit en ces termes :

« Je reçois avec une profonde émotion la déclaration que vous me présentez; je la regarde comme l'expression de la volonté nationale, et elle me paraît conforme aux principes politiques que j'ai professés toute ma vie.

« Rempli de souvenirs qui m'avaient toujours fait désirer de n'être jamais destiné à monter sur le trône, exempt d'ambition et habitué à la vie paisible que je menais dans ma famille, je ne puis vous cacher tous les sentiments qui agitent mon cœur dans cette grande conjoncture, mais il en est un qui les domine tous, c'est l'amour de mon pays ; je sens ce qu'il me prescrit, et je le ferai. »

On remarqua que ce discours de S. A. R. fut achevé dans les larmes.

Le 9 août, il y eût séance royale ; les pairs et les députés réunis, M. le duc d'Orléans jura en présence de Dieu d'observer fidèlement la Charte constitutionnelle avec les modifications exprimées dans la déclaration.

Le 10 août, le règne du duc d'Orléans était commencé, et les lois se rendaient au nom de Louis-Philippe Ier.

La souveraineté du peuple pour principe, une nouvelle dynastie appelée au trône : ainsi s'accomplit la révolution de juillet.

C'est sous cet ordre de choses établi, reconnu, que nous n'avons pas hésité à publier notre pensée, persuadé que parmi tant de libertés si chèrement acquises, celle d'écrire avec sincérité et indépendance serait la plus respectée, la plus inattaquable de toutes.

CHAPITRE III.

LE DUC DE BORDEAUX.

CHAPITRE III.

Le Duc de Bordeaux.

Promettez sur ce livre et devant ces témoins
Que Dieu sera toujours le premier de vos soins ;
Que sévère aux méchants et des bons le refuge,
Entre le pauvre et vous vous prendrez Dieu pour juge ;
Vous souvenant, mon fils, que caché sous le lin,
Comme eux vous fûtes pauvre, et comme eux orphelin.
RACINE.—*Athalie.*

Le 29 juillet 1830, M. le duc de Bordeaux était appuyé sur le lambris d'une fenêtre au second étage du château de Saint-Cloud ; le jeune prince dirigeait ses regards vers Paris, dont les principaux monuments se détachaient sur un ciel pur, coupé seulement par de rares et légers nuages; tant les présages étaient trompeurs! Tout-à-coup, le duc de Bordeaux ne voit plus flotter le drapeau blanc du pavillon des Tuileries; il appelle, on accourt : il demande ce qui se passe; on lui apprend alors qu'en effet, le drapeau blanc a été arraché. *Où donc sont les Français?* s'écrie le prince pour toute réponse; chacun se regarde tristement, étonné de la question si prompte et si naïve du royal enfant.

L'heure des leçons se passe, et les instituteurs du duc de Bordeaux ont pour la première fois cherché plutôt à le distraire qu'à l'instruire. L'instant de la promenade arrive, on n'est pas venu le prendre pour l'y conduire; la simple et noble uniformité de sa jeune vie est interrompue; il devine qu'un grand désordre a dû avoir lieu, puisque de vains amusements lui ont été permis pendant une longue journée. Au dîné, il compte moins de convives; dans les avenues, peu d'équipages; dans les galeries, il ne rencontre plus de courtisans; enfin, le roi ne l'a point encore fait appeler, et la nuit approche. A peine aussi a-t-il pu embrasser sa mère.

On a bien répété au duc de Bordeaux les dures leçons de l'histoire.; il sait que la fortune abandonne les rois comme les sujets ; il a lu déja que la grande Marie-Thérèse dont Madame la Dauphine descend, fut obligée de confier à ses fidèles Hongrois un fils empereur presque en naissant, mais qu'on voulait priver de la couronne. Il n'ignore pas qu'une reine d'Angleterre avait caché jadis le prince de Galles, enfant, tantôt dans le creux des rochers, tantôt dans le tronc usé d'un vieux chêne, et qu'un jour, découverte par des brigands, elle leur dit avec fierté : « Je « suis votre reine et voilà mon fils ! sauvez l'hé- « ritier du trône de la grande Bretagne. » Mais jamais son imagination neuve et pure n'avait été jusqu'à croire possible la privation des douces caresses d'un roi puissant ; il se disait dans son isolement de quelques heures : « Ah ! depuis « hier j'ai beaucoup perdu ! »

Le sage gouverneur du prince cachait les trop justes alarmes dont son ame était atteinte ; il pensait que la France, un instant égarée, ne se déciderait jamais à rompre entièrement le lien de fidélité qui l'attachait à la plus ancienne monarchie de l'Europe ; il croyait le triomphe d'une révolution au moins douteux, et il ne voulait pas jeter dans l'esprit de son royal élève une lumière trop funeste, et faire naître dans un cœur d'enfant la défiance et le soupçon, ni le porter trop brusquement à la connaissance de ce que l'homme renferme de léger et de décevant; ainsi le baron de Damas s'attristait, mais il se taisait. On vient lui dire que le Roi le demande, il descend; on l'introduit auprès du monarque déjà délaissé; il trouve le Roi et M. le Dauphin réunis, ils étaient assis et couverts; la duchesse de Berry se tenait debout, la main posée sur le fauteuil royal. L'obscurité du soir n'était combattue que par la lueur de quelques bougies placées dans le fond de l'appartement. On était dans la salle du Trône; les tentures et les draperies de velours cramoisi semé de fleurs-de-lis brodées d'or prêtaient une majesté sombre à cet instant déjà si solennel; sur une table couverte aussi de velours fleurdelisé, deux rouleaux de vélin étaient déployés; lorsque le gouverneur du duc de Bordeaux entra, le Roi et le Dauphin apposaient leurs signatures au bas de deux écrits. Charles X conservait ce calme résigné qui commande le respect; le Dauphin semblait avoir rem-

porté une dernière victoire : ses traits expri-
maient la fierté du commandement. Le Roi
parla :

« Monsieur le Gouverneur , moi et mon fils
« nous venons de signer librement , et après
« un mur examen, notre abdication de la cou-
« ronne de France; le duc de Bordeaux est main-
« tenant pour tous, Henri V. Que Dieu protége
« cet enfant! Je vous charge de le préparer à
« ce que la Providence exige de lui; mettez à
« l'en instruire tous les ménagements que vous
« inspirera votre attachement; mes forces sont
« momentanément épuisées par les afflictions de
« ces trois jours. En écrivant mes dernières vo-
« lontés politiques , ma pensée s'est reportée
« à l'immortel testament de mon frère , de
« Louis XVI, et je ne me sens pas le courage
« d'apprendre moi-même, et dans cet instant,
« à mon petit-fils, que je chéris comme j'ai-
« mais son père, qu'à peine âgé de dix ans, il
« a le malheur d'être roi ! »

La duchesse de Berry se jette aux pieds
de Charles X , en serrant douloureusement les

mains du Dauphin ; le baron de Damas fléchit le genou devant ces deux grands débris d'une royauté quatorze fois séculaire, et se relevant respectueusement, mais le cœur brisé de douleur, il reprit lentement le chemin des appartements où l'attendait avec impatience son royal élève. La tristesse empreinte sur les traits du baron de Damas émut fortement le jeune prince. « Qu'est-il donc arrivé ? vous pleurez, tout le monde pleure autour de moi ! Ah ! qu'on me mène auprès du Roi ! souffre-t-il ? est-il malade ? je veux le voir. Vous ne me répondez pas ! ah ! mon Dieu ! le Roi serait-il mort ? — Mon Prince, le Roi vit, le Roi vous aime ; et, dans tous les cas, le Roi ne meurt jamais en France ; ne vous sentiriez point assez d'obéissance pour lui succéder ? — Moi, succéder au Roi ! et mon oncle ? et M. le Dauphin ? — Cher enfant, approchez, permettez encore à mes genoux de vous servir d'appui ! Dieu, qui a permis votre miraculeuse naissance, a de grands desseins sur vous ; il faut, mon fils, ah ! daignez ne pas vous offenser de ce mot échappé à ma tendresse, il faut vous soumettre à ce que Dieu commande ; il faut même, les livres saints vous l'ont enseigné,

porter son fardeau avec joie. Les mauvais jours
sont revenus pour votre auguste famille ; le Roi
et son fils acceptent leur cruelle destinée ; la
bonté, les qualités touchantes sont méconnues ;
ils se croient désormais un obstacle au bonheur
des Français ; c'est avec une sorte d'empressement et sans regret personnel qu'ils sacrifient des
années de puissance et de gloire. La royauté a ses
martyrs, mon Prince, je vous apporte aussi l'espérance de cette palme éternelle ! ah ! cette
palme est un sceptre de famille. Mon fils, rendez la France heureuse en regardant toujours le
ciel ! »

Tel fut à peu près le court entretien du duc
de Bordeaux avec son gouverneur. L'enfant royal
fondit en larmes, puis se calmant tout-à-coup,
il dit : « Mais du moins, ne serai-je jamais séparé du Roi, et de ma mère, et du Dauphin, et
de ma tante !—Hélas ! (Ce fut la réponse du gouverneur.) — Et vous, mon ami, pourrai-je vous
garder toujours auprès de moi ! — Peut-être,
cependant je n'ose m'en flatter. — O mon Dieu !
s'écria le jeune prince, ne me condamnez pas
à perdre tout ce qui m'est cher ! Je suis bien
jeune encore, apprenez-moi comment on rend

heureux les peuples avant d'être obligé de les gouverner..»

Le lendemain, des voitures étaient attelées dans les cours du château de Saint-Cloud ; le Roi parut, on battit aux champs. Le duc de Bordeaux était placé entre sa mère et Madame la Dauphine ; M. le Dauphin était prêt à monter à cheval au milieu des régiments de la garde qui avaient obtenu de former une escorte de sûreté et d'honneur ; les gardes du corps étaient en bataille, pas un ne manquait à l'appel : le cri de *Vive le Roi !* s'élève de toute part ; unanime, immense à Saint-Cloud, il alla mourir aux barrières de Paris. Le Roi et Madame la Dauphine donnèrent leurs mains à baiser aux soldats attendris ; ces guerriers au visage mâle, aux casques dorés, pleuraient amèrement de l'inutilité de leur courage. On voulut aussi embrasser le duc de Bordeaux. Ces témoignages d'amour retardaient le départ regardé comme nécessaire ; Madame prend son fils, et le met dans les bras d'un garde en lui disant : « Qu'il passe alternativement dans les bras de tous ! » En recevant cet enfant animé de tant de graces, touchant de tant de malheurs , l'ivresse devint générale. Suivant des yeux son fils, Madame la duchesse de Berry , avec un accent de vérité, un air de tendresse royale et maternelle impossible à bien peindre , répétait, profondément émue : PAUVRE GAR- ÇON ! De bras en bras, le pauvre fils de France fut remis dans ceux de sa mère qui le serra contre son cœur , et pour la première fois , vou- lant lui parler des événements qui les frappaient, elle se pencha vers le duc de Bordeaux et lui dit bien bas à l'oreille : « Nous partons, mon fils; ils « repoussent et tes droits et ton innocence. »

Mademoiselle rejoignit en cet instant son jeune frère : « Ah ! Bordeaux, nos jouets si brillants, et mon joli pavillon du Trocadéro , et tes belles voitures , et ton arsenal, et tes uniformes, nous laissons pourtant tout cela !—Je n'y pensais pas , ma sœur , mais une peine bien cruelle , c'est de quitter la France et nos bons amis les soldats ! »

CHAPITRE IV.

—

LES CARICATURES.

CHAPITRE IV.

𝕷𝖊𝖘 𝕮𝖆𝖗𝖎𝖈𝖆𝖙𝖚𝖗𝖊𝖘.

> Le scandale escorté de l'impure licence
> Raillant avec impunité
> Ce que le vice même a toujours respecté,
> L'exil et le malheur, la vieillesse et l'enfance.
>
> LA MODE.

Insulter son ennemi, c'est au moins de la jactance ; mais l'outrager vaincu, c'est une bassesse. Et cependant, un auguste vieillard, chef de la plus ancienne dynastie de l'Europe, l'héritier de soixante rois qui ont fait fleurir la France pendant des siècles de légitimité, l'un des derniers fils de saint Louis, le descendant d'Henri IV, est tombé du plus beau trône de l'univers; hier encore on lui prodiguait l'adulation : il était puissant; peu d'heures s'écoulent, on n'épargne ni son grand âge, ni son illustration, ni son cœur : il est devenu roi proscrit et Français exilé.

Dans d'ignobles caricatures on profane ses cheveux blancs, on travestit ses plus grandes qualités : Charles X est pieux, on le montre affublé de la robe du moine; il est brave, on le représente sous le tressaillement de la peur; il était bon et clément, on le peint sous les traits de Charles IX. On irait volontiers jusqu'à faire du meilleur des princes un Louis XI, un moderne Caligula : il protége les arts, on le transforme en Midas; il est spirituel et délicat, on lui prête les mots, les exclamations les plus vulgaires; on navre son cœur royal des épithètes de tyran, de sanguinaire; et le souverain le plus doux, le plus aimable, à la face de cette France que l'on trompe, que l'on aveugle, on ose le saluer, pour dernier adieu, de l'horrible nom d'incendiaire!

Ce torrent d'injustices a commencé par rompre

ses digues au milieu même de Paris; il a débordé ensuite dans nos provinces, et le peuple des campagnes (auquel, sous l'ancien gouvernement, on eut le tort peut-être de ne point assez apprendre, de ne pas toujours redire, de ne pas continuellement prouver combien le bonheur général entrait dans les desseins de Charles x, et tout ce qu'il faisait, et tout ce qu'il voulait pour le soulagement du pauvre) croira, sous la foi des plus dégoûtants libelles, sur les grossières esquisses tombées des plus cyniques pinceaux, que la famille des Bourbons ne rêvait que les désastres et l'asservissement de la patrie! Souhaitons à notre tour, demandons et obtenons que l'instruction puisse pénétrer dans les dernières comme dans les premières classes de la société humaine; oui, que le peuple soit instruit, qu'il le soit beaucoup, qu'il le soit bientôt! qu'il lise, qu'il retienne, et de ce moment, la vérité rallumera son flambeau : à sa lueur nouvelle et brillante, on écrira l'histoire, et surtout celle de nos jours; et l'histoire vengera les opprimés, en flétrissant de lâches, d'odieux calomniateurs.

Les caricatures serviront alors de jalons pour

retrouver les tracés de tous les désordres , pour démasquer les plus coupables erreurs ; on verra que chaque vertu des princes exilés subit une insultante métamorphose, et nos Callots sans pudeur, et le plus souvent sans esprit, qui insultèrent des enfants et des femmes placés pourtant sous le bouclier du malheur, subiront le plus grand supplice que puisse en ce monde leur infliger la Providence. Les libelles, les poèmes, les gravures et les petits tableaux satyriques, caricatures eux-mêmes de la véritable caricature, serviront à écrire le panégyrique des victimes que leur inimitié crut immoler à jamais ; partout où ils auront jeté le blasphême et le ridicule, on retrouvera ou l'on supposera quelque grande qualité, et les vertus se compteront par les outrages qu'elles auront reçus.

En Angleterre, pays fort peu connu, quoique souvent cité, et qui passe pour la terre classique de la caricature , Jonh - Bull montre un esprit caustique et mordant ; croit-on qu'il lance ses traits acérés contre les rois déchus et les reines exilées, contre des ministres que la loi aurait frappés? non, c'est la puissance qu'il se plaît à attaquer. Il glisse un écrit satyrique dans la main qui peut punir, et s'il ose se prendre au trône même, c'est lorsqu'il sait que le trône est iné-branlable dans ses fondements. En France, qu'a-t-on fait? la presse a traqué la royauté qui se montrait faible et chancelante, et quand on est parvenu de demi-couchée qu'elle était, à la renverser sur la terre, alors, la lâche malignité, les passions injustes et honteuses se sont mises à la fouler aux pieds. La fable du *Lion malade* est devenue aussi une vérité! Et ce qu'il y a de plus vil dans les excès que nous déplorons, c'est qu'un sordide intérêt est la cause principale d'une diffamation sans objet.

Les murs de Paris étaient couverts d'affiches où tout ce que les hommes ont coutume de vénérer s'est vu livré à la haine populaire; et pourtant ces affiches s'imprimaient, se plaçaient sans espoir apparent de lucre, de dédommagement; aux coins des rues chacun lisait gratis. Ce nouveau genre de cabinet de lecture ne rapportait donc rien au propriétaire de l'établissement; mais ces affiches excitaient au désordre, à la spoliation des propriétés; et ces fabricateurs d'appels à la populace n'avaient rien que l'on pût piller; ils ne mettaient pas au jeu dans cette grande loterie d'un partage forcé. Tout à gagner, rien à perdre, fut la devise des agitateurs, et leur soif d'un peu d'or tombé dans la boue leur tenait lieu d'inspiration pour écrire et pour diffamer !

Pourquoi de misérables colporteurs criaient-ils sous les fenêtres de Louis-Philippe les titres dégoûtants d'ouvrages sans pudeur, mais offensants pour la famille proscrite du roi qu'on venait de se choisir? c'est, il faut le répéter, c'est que ces ouvrages se vendaient : c'est en effet tout le secret de pareilles infamies. Pourquoi de sales caricatures blessent-elles les cœurs restés français? c'est encore qu'elles se vendent, et qu'un obscur dessinateur peut dîner d'un outrage, et se vêtir d'une profanation.

Pourquoi le vaudeville a-t-il déshonoré son origine en faisant succéder le stylet de la calomnie à la marotte de Momus? c'est que les pièces de mauvais goût et d'un détestable esprit attirent des spectateurs, et rapportent aussi un peu d'or. Pourquoi a-t-on fouillé dans les haillons dramatiques de 90 et 93, pour en exhumer *les Victimes cloîtrées*, *les Dragons et les Bénédictines*, *les Visitandines*, *une Papesse*

Jeanne, et tant d'autres chefs-d'œuvre de plati-
tude et d'horreurs? pour obtenir une chambrée,
ce qui veut encore dire quelques milliers de
francs. Sommes-nous au temps des Hébreux,
dont le veau d'or devint l'idole? mais du moins
ils l'adoraient pur d'alliage et brillant d'éclat;
tandis que l'or dégénéré qui de nos jours excite
de cupides convoitises est mêlé dans le limon des
égouts, et que nos Diogènes de littérature, de
dessin ou d'estampes, semblent avoir calculé
leur fortune sur le plus ou le moins de bénéfice
à retirer des sales engrais de Pantin.

Nous nous garderons bien de citer les titres
des libelles que notre indignation poursuit, ce
serait blesser l'esprit délicat de nos lecteurs;
nous ne ferons point passer sous leurs yeux les
innombrables caricatures dont le goût et la justice s'indignent à la fois; nous ne ferons men-
tion que d'une seule, en nous contentant d'a-
jouter : *Disce omnes!*

Toute la France connaît les vertus privées de
la famille royale, qui maintenant habite Holy-
Rood : la bienfaisance des deux princesses, la
pieuse modération de Charles x et du seul fils
que le crime lui ait laissé, l'innocence des deux

enfants qui ne comprennent pas même la méchanceté de leurs détracteurs, sont incontestables; la France le reconnaît, l'Europe l'attesterait au besoin : eh bien ! nous avons vu représenter cette famille agenouillée en prières devant l'image de saint Barthelemi !!! Historiens vengeurs, prenez note, nous n'avons à cet égard rien à ajouter.

Au reste, la caricature ayant épuisé ses plus ignobles traits, a voulu retenir un empire trop prêt de lui échapper; elle a senti qu'il était temps pour ses succès de ne plus harceler le malheur, et, voulant s'engager dans une route nouvelle, en vertu de ses pouvoirs discrétionnaires, elle s'est faite homme. Alors on l'a vue commander de porter des habits couverts de broderies, elle qui avait poursuivi de sarcasmes les usages de l'ancienne cour; elle a chaussé la soie et rendu la boucle ciselée à ses souliers, après avoir exalté les cordons historiques des souliers républicains de Roland; on l'a vue replacer, timidement, il est vrai, quelques armoiries sur ses carrosses; elle est devenue le chasseur de M. Mérilhou; elle a dicté des discours de tribune, dés ordres de ministre, des circulaires de préfet; elle a parcouru les rues à califourchon

sur un vieux dada. Elle a été grand fonction-
naire, puis démissionnaire; elle a chanté la Mar-
seillaise, elle a défendu aux orgues de Barbarie
de jouer cet hymne de révolution. Elle a osé
prendre les traits de Napoléon lui-même et s'en
montrer affublée sur tous les théâtres de Paris.
Elle a été tour à tour journaliste, poète, écrivain
despote et populaire; elle a fait alternativement
de la philanthropie et de la propagande; elle a
essayé du sacerdoce : on l'a vue dire la messe
latine en français, et prêcher dans la chaire des
premiers prêtres à la Saint-Simon. Elle s'est di-
vertie un beau jour à se laisser barbouiller de
jaune d'œuf en pleine Sorbonne ; elle a fait des
réquisitoires et rendu des jugements, et nous
la voyons maintenant douce, mielleuse, accorte,
accessible, parfumée, petit-maître, optimiste,
enfin doctrinaire; et contente de ce poste, on
croit qu'elle s'y est établie pour ne plus le dé-
serter. C'est rentrer dans son domaine. N'est-il
pas permis à chacun de chasser sur ses terres et
de chevaucher dans son parc? Mais, lorsque
nous avons rencontré pendant les premiers mois
de la révolution la caricature assise sur des canons, ou se reposant sur des pavés, demandant

des têtes par un calembourg, ou tourmentant la grandeur déchue par le rire stupide d'une insatiable ironie, nous avons pensé que l'antiquité dans ses fictions les plus énergiques, et le Dante lui-même, dans son terrible Enfer, n'avait pas inventé ce que l'on a pu voir et entendre de nos jours.... LES FURIES MOQUEUSES!!!

CHAPITRE V.

—

LA DUCHESSE D'ANGOULÊME.

✻

CHAPITRE V.

La Duchesse d'Angoulême.

> Objet de ma douleur !
> Quelle main en ce jour te rendra tous tes charmes,
> Qui changera mes yeux en deux sources de larmes,
> Pour pleurer ton malheur ?
>
> RACINE. — *Athalie.*

Après deux siècles, l'Europe s'attendrit encore sur les infortunes de Marie Stuard ; mais cette reine, sans doute calomniée et lâchement trahie, mérita cependant quelques-unes de ses nombreuses adversités. Le grand évêque de Meaux

a immortalisé de son éloquence les royales afflictions d'Henriette d'Angleterre, fille de Henri iv
assassiné, femme de Charles iᵉʳ tombé sous la
hache du régicide. Mais Henriette, dont le
courage aussi égala les vertus, connut du moins
le bonheur d'être mère ; elle vit un fils bien-
aimé recouvrer et conserver le trône de ses pères ; elle fut témoin des regrets de tout un
peuple pleurant sur le tombeau de son roi
égorgé ; la justice humaine atteignit bientôt les
meurtriers de Charles ; et leur mémoire fut vouée
unanimement à l'exécration de la postérité ; enfin
Henriette de France eut pour exil la terre de la
patrie ; on ne priva pas son malheur de l'air natal ; ce ne fut point une langue étrangère qui
répondit aux cris de sa douleur, et ses dépouilles
mortelles obtinrent de se mêler aux cendres de
ses aïeux.

Une autre fille de France, reste unique d'une
famille immolée, échappée par miracle à la stupidité des féroces proconsuls d'une horrible époque, l'auguste princesse dont on a tué le père
et la mère, et le frère et la tante, Madame,
duchesse d'Angoulême, réservée par la Providence à épuiser la coupe de l'adversité, est

aujourd'hui frappée aveuglément dans toutes les affections de son ame tendre et héroïque.

Des tigres altérés de sang royal, épargnèrent le sien, lors des plus implacables persécutions; et maintenant, disons-nous, quelques misérables affamés de mensonges et de scandale, osent davantage peut-être que donner la mort : ils cherchent à souiller sa vie; ils voudraient enlever à une princesse admirable l'estime et l'amour des Français! Racontons à notre tour; et les traits empoisonnés de la haine, de l'ignorance, de la bassesse se perdront dans l'espace, ou viendront tomber loin d'un but ignominieusement dépassé.

Née à Versailles, sous les fleurons d'une couronne, Madame fut accueillie par les accents de l'allégresse publique; élevée par le meilleur des pères, et par la mère la plus dévouée, son enfance seule eut de beaux jours. La Providence, qui savait à quelles terribles catastrophes la jeune princesse devait assister, prit soin de la faire naître forte, courageuse; elle fut douée de la sensibilité qui attache, de la piété qui soutient, de toutes les qualités qui plaisent et qui convenaient si bien au rôle à la fois noble et triste qui lui était destiné : celui de compagne du malheur ; jusqu'au bout elle l'a rempli avec dévoûment, avec dignité ; et, c'est ici l'instant d'en faire la remarque, la conduite inimitable de Madame est le plus bel éloge à la mémoire des augustes auteurs de ses jours. Premier témoin des outrages dont on abreuva le Roi et la Reine, grandie au milieu des alarmes, en proie aux excès les plus déplorables de la première révolution, à jamais orpheline par le fait des échafauds, redevenue puissante et maîtresse de tant d'ignobles existences, elle n'en a point troublé le cours ; la vengeance n'est entrée ni dans son cœur, ni dans ses paroles ; personne dans la confiance même de la plus intime amitié, ne lui a entendu prononcer un mot de courroux ; et telle fut sa délicate prévoyance, qu'il lui *fallut souvent se priver de ses larmes* : sa bonté nous les dérobait avec soin. Aux services expiatoires de Louis XVI et de Marie-Antoinette, Madame la Dauphine se laissait deviner plutôt qu'apercevoir dans une tribune voilée, sachant épargner à la France jusqu'au reproche tacite du spectacle d'une trop juste douleur : tant les exemples, les leçons, les conseils du Roi, de la Reine avaient gravé dans son esprit, que si elle pouvait long-temps pleurer, elle devait pardonner toujours.

Le général qui traîna à sa suite et parmi les flots d'une populace ameutée le Roi, la Reine et leurs enfants, qui les conduisit du château de Versailles à cet Hôtel-de-Ville de Paris, même lieu où quarante ans après il allait détrôner le reste de cette royale famille, pourrait nous dire combien Madame, âgée de dix ans, montrait déja de fermeté et de résignation, et de quelle ressource devenait sa présence pour adoucir les maux de ses illustres parents. Au 10 août on l'arracha des Tuileries; elle entendit prononcer dans la salle du Manége la déchéance de son père. (Quand, hélas ! a-t-on épargné une affliction à Madame !) Enfermée au Temple, elle reçut les derniers adieux, les dernières bénédictions de Louis XVI ; les graces de son âge, sa tendresse active, sa prudence prématurée amortirent le coup fatal porté au cœur de la Reine. Cette Reine si bonne, si aimable, elle disparut aussi de la tour qui la renfermait, n'ayant qu'un moment pour embrasser sa fille délaissée qui ne devait plus la revoir ! Plus tard on sépara Madame de son jeune frère; mais on lui laissa connaître les souffrances, les humiliations dont on assassinait Louis XVII; enfin, Madame Élisabeth fut enlevée à sa malheureuse mère, de qui se séparer alors, c'était marcher au supplice.

Prisonnière du Temple, restée seule avec le malheur, elle force au respect les tyrans sanguinaires de 93. Ils ont porté une main sacrilége sur un Roi inviolable, sur une Reine, sur un enfant plein de charmes, bon comme son père, attrayant comme sa mère; ils ont tranché les jours de la belle et sainte Élisabeth. Tout-à-coup leur rage devient impuissante : ils s'arrêtent devant une dernière difficulté; le silence même de la jeune princesse les fait frémir. Elle n'a de vêtements, que ceux que rassemblent ou raccommodent ses mains royales; de clarté, que le jour douteux qui pénètre à travers de lourds et épais barreaux; de chaleur en hiver, que quelques rayons de soleil échappés à la Providence, et pourtant elle ne fait entendre ni plainte ni murmure; elle n'a point de larmes pour elle-même : les malheurs de tous les siens et l'asservissement honteux de la France en ont tari la source; et cependant le burin de l'histoire transmet à nos descendants une réponse terrible dans sa simplicité, seule parole que daigna prononcer la fille de nos rois, au milieu du silence imperturbable de son cachot. Un garde national pénètre jusqu'à elle ; il faisait froid ; il la trouve assise près d'une fenêtre , occupée à quelque ouvrage d'aiguille indispensable, mais grossier ; il s'écrie : Eh ! pourquoi donc ne faites-vous pas de feu ? — *C'est que je n'ai pas de bois !* Et c'était la petite-fille de Louis XIV et de Marie-Thérèse qui s'exprimait ainsi... Le jeune garde fondit en larmes, et ce furent les premiers pleurs de sympathie française que Madame voyait couler.

Un monstre teint du sang le plus pur osa bien, assure-t-on , dans un de ses accès de délire, rêver un hymen détestable , dont la pensée même fait horreur ; mais ce Robespierre, l'effroi du genre humain, fut tout-à-coup condamné, par un décret de la justice distributive , à périr mutilé sur l'échafaud destiné par lui à ses ennemis : Aman et Robespierre eurent le même sort.

Une trêve alors fut accordée à la France. Des hommes coupables d'excès inouïs se prirent à s'examiner ; ils se firent peur. On les vit chercher vainement, comme la Frédégonde de Macbeth, à essuyer les taches de sang dont leurs mains étaient couvertes. Ils vinrent à penser à l'orpheline du Temple, et par un caprice de tyran, il fut résolu qu'on la rendrait à la liberté : il lui fut permis de chercher pour ses éternelles douleurs une terre hospitalière. Mais comme s'il était pour elle, comme pour le Sauveur du monde, des prophéties d'humiliations et d'outrages à accomplir, Madame fut échangée contre Quinette, Lamarque, Camus et Bancal, conventionnels devenus, par une des chances de la révolution, prisonniers de l'Autriche. Elle partit sous l'égide de l'amitié : Mme de Touzel eut le touchant privilége d'accompagner la fille de Louis XVI. Par un raffinement de sottise et d'orgueil, les gouvernants s'imaginèrent qu'il était de l'honneur des bourreaux de parer la victime qu'ils laissaient échapper : un trousseau fut donné à Madame. A peine eut-elle passé la frontière qu'elle renvoya ce don répugnant; elle ne voulut pas même garder les vêtements qui la couvraient. Mais elle ne rendit à la France ni haine ni mépris; elle n'en ressentait pas elle-même : Madame savait qu'une poignée de monstres n'était pas les Français. Ses yeux brûlants de larmes purent se mouiller encore en quittant cette France, théâtre de crimes et d'erreurs ; et cette merveille de la sensibilité d'une femme fut créée par l'amour de la patrie. La patrie ! on la chérit favorable, on la plaint ingrate, on la regrette injuste et cruelle. Les derniers regards de Madame sur la terre de ses aïeux, exprimèrent un mélange de peine et de douceur ; ses adieux furent affectueux, ses vœux touchants. Son esprit précoce et son cœur éprouvé avaient déja compris que la France n'était point coupable du meurtre de la famille royale, qu'elle en abhorrait les auteurs, et qu'elle avait racheté les crimes de quelques-uns d'entre nous par un baptême de sang versé en expiation de la mort de l'innocent et du juste.

Vienne ouvrit ses portes à Madame ; les palais où avait régné la grande Marie-Thérèse, où la brillante Antoinette était née, furent offerts à leur fille inconsolable. L'éclat d'une couronne rejaillissait sur son front, le luxe des cours lui était rendu, les hommages des peuples fidèles venaient distraire son affliction ; mais le bonheur trop souvent égoïste n'était pas compris dans la mission de Madame sur la terre. Louis XVIII et Monsieur, comte d'Artois, vivaient loin de l'Autriche, dont la froide politique leur fermait le chemin. Le Roi de France et de Navarre n'avait pour asyle que la tente des guerriers nomades; en effet il ne restait pour Louvre aux Bourbons, pour salle d'armes aux Condés qu'une étroite enceinte formée par quelques aunes de coutil. Le drapeau blanc cependant flottait sur le pavillon du Roi; et sous cette bannière sans tache se ralliaient des chevaliers sans peur; abandonnés de l'Europe, la dernière alliée des Français, la gloire, leur était fidèle. Dans les rangs opposés on se reconnaissait de part et d'autre par des actions d'éclat et des traits de bravoure et d'humanité. Souvent dans la légion de Mirabeau, l'orgueil national se manifestait en éloges arrachés par la valeur de l'armée républicaine, et sous l'étendard tricolore, on ne dissimulait pas ses sympathies guerrières en faveur des vaincus; on disait : « Demain l'affaire sera chaude et la victoire disputée : les Condéens sont-là. »

La cause des souverains fut loin de triompher; une diplomatie douteuse, et peut-être corrompue, avait paralysé les efforts des princes français; l'émigration fut délaissée, ses biens confisqués et vendus : la mort sur le territoire de France, l'abandon et presque les dédains de l'étranger ; voilà ce qui revint aux serviteurs fidèles qui s'étaient dévoués aux Bourbons proscrits. On les rejetait de ville en ville ; le Roi, son frère et ses neveux demeuraient sans crédit, sans ressources ; bientôt ils n'allaient plus trouver un toit pour s'abriter : l'armée de Condé n'était plus payée ; il y avait des malades, des blessés, et rien pour les secourir. Madame s'est informée du sort des Français dévoués à sa famille ; elle apprend qu'ils souffrent, c'est pour elle le moment de se réunir à eux, elle accourt ; des diamants dont un récent héritage venait de la rendre maîtresse sont engagés, et les malades et les mourants sont secourus. Le Roi est seul, et il lui vient une compagne ; il est errant, Madame s'attache à ses pas ; des infirmités rendent sa marche pénible, Madame l'aide de son bras et de ses soins. Dès cet instant, le destin avait marqué pour elle le jour de la récompense ; il se leva le 15 mars 1814.

Nous étions à l'Opéra ; *Œdipe à Colonne* était annoncé ; on savait que Louis XVIII et Madame la duchesse d'Angoulême avaient promis de se rendre au spectacle. La foule était immense au dedans comme au dehors : c'était la première fois depuis la restauration que le Roi et sa famille avaient consenti à se montrer en public. L'impatience devançait l'heure, des acclamations se font entendre au loin, elles redoublent, elles approchent, c'est le Roi qui arrive. Les cœurs sont émus; tous les regards se dirigent vers la loge destinée à l'auguste famille, ils s'y attachent, ils y restent suspendus; le Roi et Madame paraissent, l'enthousiasme le plus vif et le plus pur éclate de toute part; depuis le balcon jusqu'aux combles , les loges se trouvent pavoisées comme par enchantement : chaque femme brillante de bonheur et de parure agitait un mouchoir blanc; les cris de *Vive le Roi! Vive Madame! Vivent les Bourbons!* sont entrecoupés de pleurs; on riait, on pleurait tout ensemble. Thésée commence l'air *Du malheur auguste victime!* Des milliers de spectateurs se lèvent avec transport et se tournent du côté du Roi, ils s'inclinent avec respect. Œdipe avance sur la scène et n'a pas plus tôt prononcé ces mots attendus : *Elle m'a prodigué sa tendresse et ses soins*, que les applaudissements redoublent ; ils tiennent du délire, lorsque Louis XVIII, debout, étend ses mains royales et paternelles sur l'auguste fille de Louis XVI ; elle est saluée unanimement du beau nom d'*Antigone française* qui lui est resté, et qu'elle justifie de nouveau. Et cette fois enfin, c'étaient des pleurs de joie que la France coûtait à Madame.

Ne nous arrêtons pas davantage devant ce magique tableau qu'un coup de baguette semble avoir fait naître, et qu'un coup de baguette a détruit ; retournons à l'adversité. Elle n'est pas fugitive, on a le loisir de l'approfondir, de la peindre, elle pose assez long-temps pour cela.

Louis XVIII n'avait pu trouver d'asyle que dans les états de la grande Catherine. Paul Ier, préférant le péril à la honte, refusa d'abandonner un souverain, son ancien allié. Deux monarques alors restèrent attachés aux principes éternels des monarchies, l'honneur et l'humanité : ce furent Gustave de Suède et Paul de Russie. L'esprit de désordre s'en est vengé cruellement : Gustave a perdu sa couronne, et Paul n'a pu sauver ses jours. Étrange aveuglement des rois comme des nations! Les cabinets de l'Europe furent les premiers alors à taxer de folie la générosité chevaleresque du Czar et du roi de Suède. Ces princes furent regardés, et nous rappelons à dessein cette circonstance, comme les Don Quichotte de la légitimité!

Louis XVIII et Madame, accueillis à Mittau, y passèrent de longs et rigoureux hivers; il leur fut permis de reprendre les habitudes royales et de goûter les douceurs de la famille. Les Bourbons se virent réunis; l'aîné des enfants de Monsieur, comte d'Artois, Louis-Antoine duc d'Angoulême, offrit à la fille de Louis XVI et de Marie-Antoinette un amour pur et une main qui s'était déja saisie de quelque gloire. Le mariage fut célébré à Mittau, l'empereur de Russie voulut apposer sa signature à l'auguste contrat. La bénédiction nuptiale ne fut pas accompagnée de la pompe des cours; les arts ne se chargèrent point d'en retracer, d'en embellir les détails; la poésie n'en vint prédire ni le bonheur, ni la durée; les plus grandes joies d'un si grand hyménée se passèrent dans le ciel où d'illustres ombres doucement émues purent jeter sur la terre des regards satisfaits. De nouveaux devoirs étendirent le cercle des hautes qualités de Madame : elle eut à faire un heureux de plus ; c'est une des obligations qu'elle a le mieux remplies.

Ainsi, une fille de France épouse un fils de France, et cet exemple est unique dans l'histoire. Ils n'apportent pour dot que de rares vertus ; entre eux la communauté de biens, c'est la communauté de malheurs. Dieu approuva cette union, qui pourtant était destinée à être stérile; mais le pauvre et l'orphelin s'étaient multipliés : la révolution en avait centuplé le nombre. La Providence dans ses décrets prévoyants refusa à Madame les douceurs de la maternité, pour en reporter le dévoûment et la tendresse sur les Français atteints par l'infortune ; elle dit aux pauvres enfants : *Voilà votre mère !* à la princesse : *Voilà vos enfants!* Et l'ame féconde de la duchesse d'Angoulême comprit l'excellence de sa mission ; elle en embrassa l'étendue.

Le torrent révolutionnaire se frayait néanmoins de nouvelles issues et débordait sur les royaumes voisins de la France : l'armée apportait la propagande, et la propagande valait des armées; on avait résisté trop tard, il fallut se soumettre. L'exil et la pauvreté, tels étaient les

attributs de la royauté persécutée ! Madame n'a-
vait pas hésité à venir en réclamer sa part : fati-
gues, dangers, rigueurs de la saison, abandon
général, elle supporta tout avec son courage
accoutumé. Elle fit mieux, elle rendit pour ce
qui l'entourait le fardeau plus léger. Au milieu
de tant de revers et de privations, Madame,
toute française, avait trouvé à s'environner de
Français ; elle avait pu parler gloire avec des
Condé, patrie avec de nobles exilés, honneur
avec des légions de serviteurs fidèles. Il ne lui
était point resté de superflu pour servir de ressource au dévoûment ; elle sut y sacrifier le nécessaire. On la vit distribuer ses dernières ressources à de pauvres gentilshommes blessés ; et
lorsqu'un simulacre de fête royale était ramené
par les anciens usages, combien Madame la duchesse d'Angoulême semblait parée de l'absence
de tout joyau !

Le Roi fut tout-à-coup expulsé de Mittau ;
la terre semblait fuir sous ses pas : on le con-
traignait à braver le terrible froid du nord.....
La mer n'avait pas reconnu la sédition du con-
tinent ; et l'Océan accoutumé à rejeter ce que
l'on confie de trop impur à son onde, ne souf-

frit pas les vaisseaux de la révolution : ils furent pris ou engloutis. Une île résista à la république française, et la Grande-Bretagne s'honora autant d'une généreuse hospitalité offerte à la maison de Bourbon, que de ses efforts courageux et de ses succès si constants dans la lutte entre l'hydre et l'aigle contre le fier léopard. Louis XVIII et la duchesse d'Angoulême touchèrent enfin aux rivages bretons, et le peuple anglais se pressait sous les pas de l'unique rejeton de Louis et d'Antoinette. La curiosité générale se changea aussitôt en intérêt, en admiration ; et tandis qu'en France des cris de mort eussent assailli le Roi et la princesse, le *god save the king* consolait en Angleterre leurs royales afflictions.

Nous n'écrivons pas l'histoire, nous lui fournissons seulement des matériaux que nous choisissons. Nous passerons donc rapidement sur les événements merveilleux du gouvernement de Bonaparte ; nous dirons que Madame la duchesse d'Angoulême pendant un séjour long, mais paisible au château d'Harhtwel, belle demeure qu'un Buckingam fut assez heureux pour faire accepter au Roi et à son auguste nièce , sentit souvent son cœur se déchirer , en pensant au désespoir de tant de mères françaises qui achetaient au prix du sang de leurs premiers-nés nos plus éclatantes victoires ; mais lorsque le gain d'une bataille , où nous avions vaincu nos ennemis , malgré la supériorité de leur nombre et le désavantage de nos discordes , parvenait jusqu'à nos princes bannis : *Ce sont les Français !* s'écriait alors Madame avec fierté.

Jamais on ne laissa s'endormir la douleur de Madame : elle eut à pleurer le dernier des Condé, jeune héros confiant , plein de droiture , dont le bras aurait été si utile à la France , dont le nom était si riche en souvenirs historiques. Le prince , illustre Nestor de la fidélité , qui avait rassemblé autour de son panache blanc les proscrits de toutes les classes , et le valeureux duc de Bourbon , son fils , accablés par le meurtre du duc d'Enghien , allaient peut-être succomber sous un coup si inattendu ; Madame la duchesse d'Angoulême put leur dire : « Et moi « aussi j'ai perdu ma famille entière , et je vis, « et je prie pour nos assassins ! Courage donc « encore ! nos maux ne sont pas finis. »

Enfin, les peuples de l'Europe déchirés, appauvris, foulés aux pieds du vainqueur, s'indignent de tant d'outrages ; les rois sentent qu'une couronne ne ceint leur front que pour les avertir qu'ils se doivent au salut de leurs états ; le fanatisme national prend naissance ; la fortune abandonne tout-à-coup son plus cher favori : elle le conduit une dernière fois par la main jusqu'à Moscou, puis elle se retire, et l'homme du destin n'est plus que le jouet du hasard ! Bonaparte, dont l'œil d'aigle rendait ses armoiries parlantes, perd sa vigilance accoutumée. Il a du fer, des soldats et de l'or, et il est près d'atteindre à la conquête du monde. De Moscou il dirigera son vol de conquérant jusqu'à Pétersbourg ; là il se reposera un moment par quelques faciles combats, puis un beau soir, dans une de nos salles de spectacle, au milieu d'une tirade de Corneille ou de Molière, un bulletin de la grande armée apprendra à Paris étonné que Constantinople est le chef-lieu de l'empire, et que Napoléon vient d'entendre la messe dans la mosquée de Sainte-Sophie. Il ne lui faut, pour parvenir à cette haute destinée, que la féérie seule a pu indiquer, qu'une seule chose : ne pas oublier que pendant l'hiver il fait froid en Russie. Cette pensée si simple échappe à Bonaparte... et un long enchantement est à jamais détruit. Napoléon est refoulé jusque sur Paris ; sa voix n'a plus de puissance, son nom a perdu sa magie ; il est abandonné, trahi ; un nuage épais se dissipe ; la France a vu les fers dont elle était chargée, elle a rougi ; de cet instant, le plus grand peut-être, mais certainement le plus heureux des hommes ambitieux tombe pour ne se relever jamais ! Il a abdiqué, il a quitté la France, il est à l'île d'Elbe, ce n'est qu'un point imperceptible dans l'espace que son génie avait envahi. On croit Napoléon occupé comme Dioclétien à planter des laitues ; faisons comme le monde entier, oublions-le un moment......

Alexandre et Guillaume ont fait à Paris une pacifique entrée. Les guerriers Slaves et Scandinaves, que les contes de veillées dans nos hameaux représentaient plus noirs que les cyclopes, plus difformes que l'ogre fabuleux et cent fois plus cruels, ces hordes descendues du Caucase pour manger nos enfants à la mamelle, traversent nos boulevarts avec ordre, avec discipline. Ce sont pour la plupart de jeunes soldats

aux traits doux et efféminés ; pas un cri de vengeance, pas une liberté troublée ; toute la population parisienne mêlée avec la cavalerie russe
et prussienne, et pas un accident à déplorer.
Hier Paris était consterné ; des bombes avaient
frappé ses monuments; des blessés, des mourants
encombraient ses rues ; on implorait la clémence
des rois que l'on avait bravés, mais il se mêlait
peu d'espérance à la prière. Aujourd'hui deux
monarques étrangers sont les maîtres de la capitale, ils peuvent imposer une réaction terrible;
mais au lieu de commander , ils consultent. La
France cherche en vain une branche d'olivier,
il n'en croissait plus dans nos campagnes; le drapeau blanc devient le signe de la colombe ; les
armes étrangères tombent devant lui. Les Bourbons sont rappelés ; la légitimité des fils de saint
Louis se rajeunit par l'explosion d'un vœu unanime. Voici de nouveau le pavois de Clovis sur
lequel on élève les enfants de Henri IV ; voici
les assemblées du champ-de-mai rétablies ! Le
peuple délibère par acclamation sur les places
publiques, depuis la cité jusqu'au moindre hameau : le droit divin est confirmé par l'exercice
du droit électif. Alexandre , François et Guil-

laume ont demandé aux Français : Quel gouvernement préférez-vous ? on a répondu : La monarchie ! — Quel monarque ? — Louis de Bourbon et ses descendants ! C'est le peuple, le peuple lui-même, le peuple entier qui proclame librement, et dans sa conviction, Louis XVIII roi de France et de Navarre. Les jeunes hommes et les vieillards, les femmes mêmes et les enfants ont concouru à l'élection spontanée.

Ainsi, le *vox Dei*, *vox populi* a reçu son entière application et réuni toutes les doctrines. Les forces étrangères n'ont donc point ramené les Bourbons, comme on a feint de le croire ; elles n'ont pas (que la France se le rappelle) laissé même deviner leur préférence à cet égard ; elles ont rendu avec magnanimité la liberté à la France. Le premier usage qu'elle a eu la sagesse d'en faire, a été de se placer sous l'égide de l'antique royauté et de cette main de justice, héritage de Charlemagne et de saint Louis, qui s'est constamment ouverte pour répandre sur le commerce l'abondance, sur l'industrie l'encouragement, sur la propriété la sécurité et la confiance, et sur le faible et l'opprimé la protection et jusqu'à la faveur.

Ce grand assentiment des Français de toutes les classes et de tous les partis eut bientôt passé le détroit ; Louis fut *désiré*. Pour répondre aux vœux empressés de la France et de l'Europe, il débarque à Calais avec Madame, duchesse d'Angoulême. Beau soleil de la patrie, tes rayons réchauffèrent le noble sang d'un auguste vieillard ; ils réjouirent les yeux fatigués de larmes de la fille d'un Roi trop malheureux. Quel jour pour la France ! Un même char lui rapporte le Roi, Madame, le prince de Condé, le duc de Bourbon. Le brillant comte d'Artois, dont les graces et le cœur ont conservé leurs charmes, leur jeunesse, capitaine des gardes de la monarchie restaurée, se tient à cheval à la portière de la voiture royale ! Nous ne dirons pas la France rassurée, le peuple enivré d'espérance et de joie, les alliés émus, les souverains du Nord satisfaits, attendris, et toute l'Europe qui se trouvait là en armes pour saluer militairement les descendants de nos soixante rois ! Nous passerons avec rapidité sur des scènes de bonheur : nous avons entrepris la peinture de quelques beaux traits d'une noble vie, peu de couleurs riantes se rencontrent sur nos palettes.

Madame est aux Tuileries ; elle revoit les appartements occupés jadis par Louis XVI ; elle habite la chambre de Marie-Antoinette ; elle retrouve dans une des pièces qui servaient de boudoir à la plus belle, à la plus infortunée des reines de France, un meuble de tapisserie dont le chiffre (un A couronné de fleurs) avait été brodé par Marie-Antoinette. Le peuple rassemblé sur les terrasses du château, appelait de ses vœux, de ses transports la présence de Madame ; il s'étonnait de ne point la voir paraître : on vient dire qu'en rentrant dans le palais de ses aïeux, Madame n'a pu refuser sa première pensée à son père, à sa mère, dont à chaque pas elle reconnaissait quelque trace : sous le poids de ce souvenir, Madame s'est trouvée mal. On se tait, on respecte une juste et honorable douleur : la foule se dissipe, se promettant de se dédommager le lendemain de sa privation de la veille.

Nous étions nous-mêmes à Paris ; nous suivîmes Madame au service solennel célébré à Notre-Dame pour le repos de l'âme de Louis XV et de la Reine ; et, nous le répétons, la douleur de la Princesse fut dans toutes les circonstances vive, mais résignée, et jamais accusa trice. Madame rechercha avec soin les portraits, les statues, les bustes, les bas-reliefs qui retraçaient les traits de sa famille. Le beau tableau de Marie-Antoinette avec ses enfants, peint par Mme Lebrun, fut retrouvé ; mais ce précieux muséum d'infortune, elle le forma dans son appartement intérieur. Les salons de réception et d'audience publique et particulière n'offraient ni un tableau, ni une gravure qui pût éveiller un remords, ou donner naissance à un sentiment de honte. Des députations accoururent de tout le royaume ; il n'est pas un orateur qui ne prononçât, tout en larmes, l'auguste nom du Roi-Martyr. Un nuage de tristesse se répandait bien alors sur les traits de Madame ; mais jamais un regard de colère n'étincelait dans ses yeux attendris ; jamais une expression dure ou seulement sévère n'échappait à son cœur. Madame eut un soin délicat et persévérant que l'on n'a pas assez admiré : toujours elle mêla la religion chrétienne à ses douleurs ; toujours elle plaça au pied d'une croix les monuments que sa piété filiale élevait à nos illustres martyrs. Sur le coin de terre où les restes de Louis et d'Antoinette avaient été déposés, et que sut dérober à tout profanateur le fidèle

Ducloseau, Madame fit construire une chapelle; et les saintes dépouilles que le crime n'avait pu anéantir, furent restituées aux caveaux de Saint-Denis, veufs de la poussière de tant de rois; et l'antique abbaye fut dotée de sages prélats chargés d'implorer sans cesse la miséricorde divine pour les morts et pour les vivants, pour les persécuteurs et pour les victimes.

On ne peut prier et haïr; et pendant seize années nous avons vu Madame se livrer au culte des tombeaux. Louis XVI, pour imiter les vertus divines du Sauveur du monde, mourut en pardonnant à ses ennemis; Madame a voulu vivre en les secourant. La femme de l'horrible Simon, du meurtrier de Louis XVII, étant devenue folle de désespoir, allait mourir peut-être aussi pauvre que méprisée; Madame lui sauva la moitié du châtiment: la femme de Simon reçut des secours annuels, et les Incurables furent ouverts à sa repoussante vieillesse; il fut ordonné d'adoucir son sort par les consolations dont le christianisme seul possède le secret. Trouvez après cela dans l'antiquité; chez les modernes et dans toutes les pages de l'histoire un exemple aussi sublime de clémence et d'humanité. Et voilà la

Princesse que l'on ose accuser d'être implacable dans sa vengeance !

Nous l'avouons néanmoins, lorsque Madame fut rendue à la France, nous regardâmes le retour des principes de la révolution comme impossible ; nous ne doutâmes plus un instant d'un long et doux repos et d'une ère nouvelle de prospérité. Nous jugions l'avenir, non plus par l'expérience du passé, mais par ce que le présent nous apportait de rassurant et de durable. Nous répétions : Sans doute les Français désabusés de leurs vaines et impraticables théories, reconnaissent maintenant que la révolution ne fut pas un grand but, mais un moyen privé d'étancher une soif inextinguible de richesses, d'intrigues, et de faire triompher l'orgueil et l'ambition ; certainement aussi on aura calculé que nos produits nets ont été du sang et de la gloire, mais point de liberté ; on aura vu que le parti populaire n'eut réellement que de faux tribuns, passant, quand l'intérêt de leur conservation ou de leur vanité l'exigeait, sous les fourches caudines de tous les despotismes ; que les hommes qui avaient amoncelé des têtes pour en faire le marche-pied de la sanglante dictature de

Robespierre, se revêtirent comme Barras et Merlin du manteau de velours du directoire ; puis rampants, courbés, couchés à plat-ventre, sollicitèrent les cordons, les insignes nobiliaires et les faveurs de cour sous Bonaparte, consul pour rire et empereur à faire trembler ! D'ailleurs, la raison elle-même, ajoutions-nous, ne sera plus pendant long-temps encore qu'un accessoire dans la direction à donner aux événements ; la France adopte une politique de sentiment ; les Bourbons qui régnèrent sur nos pères, et que la révolution abreuva d'injustice et d'amertume, auront droit à tous les respects ; ils obtiendront tous les égards, ne fût-ce que par cet instinct de délicatesse qui, pendant des siècles, distingua les Français. Lorsque nous étions encore des barbares, comme à l'époque où l'élite de nos hommes d'armes se parait du nom de preux, on protégea, on défendit toujours deux objets d'égale vénération ; les femmes et le malheur : ainsi, les jours, les mois, les années vont se passer à faire oublier à la duchesse d'Angoulême les crimes dont gémit son cœur, et dont la lie seule des nations se rendit coupable ; on épargnera à la fille de Louis XVI un mot, une pensée, une ligne qui lui retracerait ses infortunes passées; nous sémerons de fleurs les chemins qu'elle aura l'habitude de parcourir ; nous en comblerons l'abyme où se sont engloutis devant elle nos lois, nos mœurs et nos familles ; nous en couvrirons enfin tous les souvenirs. Partout la présence de Madame excitera la joie ; s'il y avait quelque part un tumulte , en se montrant elle l'apaiserait ; si l'on était affligé d'une disette, d'un fléau quel qu'il soit, c'est elle qui , regardée comme une image de la Providence sur la terre, serait implorée pour le faire cesser ; enfin , tout ce que les esprits ingénieux , les ames délicates pourront inventer de généreux , d'aimable, de dévoué , ils le prodigueront à Madame. Voyons comment les faits ont justifié nos prévisions.

Un mois n'était pas écoulé depuis que la duchesse d'Angoulême avait touché le seuil du palais paternel, que déja une opposition imprévue commença les hostilités ; la malveillance accueillit ses premiers efforts , bientôt elle les encouragea, et depuis elle les paya ; ce qui était le plus sûr moyen de les perpétuer. Lo-

custe moderne , la presse répandit ses poisons :
l'envie et la calomnie ne cessèrent de les préparer : on abusa même de la licence.

Sous un monarque avancé en âge , et qui devait à l'adversité des infirmités prématurées , on
se moqua de la vieillesse et de la souffrance.
Sous les yeux d'une Princesse angélique , l'ironie attaqua toutes les vertus : elle inventa le
nom de *voltigeurs* pour les serviteurs fidèles
dont le dévoûment portait une tache d'ancien-
neté et de durée ; on trouva à reprendre jusque
dans l'habitude sérieuse du visage. Si une auguste Princesse eût constamment manifesté une
joie hypocrite ou du moins insouciante , on aurait accusé ses intentions et peut-être son cœur :
sincère et indulgente , elle préféra se montrer
naturelle , et dès lors grave et quelquefois attristée de souvenirs ; on eut la hardiesse de lui
vouloir un front toujours serein ! Ah ! ce n'est
pas ainsi que s'expliqua Rome , cependant corrompue : Pauline, femme de Sénèque , y excitait
l'admiration par la pâleur et l'altération de ses
traits ; on savait que la cause en était héroïque
et touchante. Mais à Paris , on revenait sans cesse
à cette idée fixe du remords : « Madame ne sau-

« rait pardonner le mal qu'on lui a fait ! » Un épisode de la restauration va se charger de répondre.

Peu de jours après la grande représentation de l'opéra dont nous avons parlé, le Roi et la famille royale vinrent en grande loge au théâtre Feydeau; on jouait pour eux *les Héritiers Michault* : une allégorie spirituelle et délicate fut vivement sentie. Une jeune fille tenant une corbeille de fleurs où elle avait mêlé quelques lis, s'excusait de n'en avoir pas cueilli davantage ; elle disait : « Les lis ! ils sont bien rares, il y a eu tant d'orages! » Aucun mouvement de la famille royale ne pouvait rester inaperçu, aucune de ses expressions être dissimulée; on regardait attentivement Madame, qui parut simplement partager l'émotion générale; elle s'écria attendrie : *Ah! c'est vrai !* et sa figure n'exprima qu'une mélancolie douce et quelque satisfaction reconnaissante pour l'intérêt qu'on lui témoignait.

L'attachement et le respect qui devenaient inséparables de la présence de Madame causaient un déplaisir toujours croissant aux chefs de l'opposition : ce fut alors que le *Nain Jaune* dis-

tilla, non sans habileté et sans succès, le venin
de ses facéties ; il eut l'honneur d'ouvrir la campagne contre le pouvoir ; le *Miroir* et la *Pan-
dore*, le *Mercure* et *Figaro* l'ont depuis conti-
nuée. Il fut convenu dès lors que l'on blâmerait
toujours et sans exception les actes, les projets
du gouvernement, les paroles, les écrits de ses
défenseurs. La garde impériale venait d'être licenciée ; on exalta ses services ; l'éloge de Napoléon devait déplaire au Roi ; il fut essayé,
reproduit de mille manières différentes. M. le
duc de Berry avait fait son entrée dans la capitale
aux acclamations de tout le peuple; il fallut s'ef-
forcer de priver ce Prince qui menaçait de res-
sembler à Henri IV, d'une juste popularité : on
écrivit qu'il était brusque, emporté; on lui prêta
de mauvaises réparties, de fâcheuses intentions.
Le duc d'Angoulême, surnommé déja avec jus-
tesse le Héros du Midi, avait traversé nos provinces, recevant sur son passage des marques
universelles d'approbation et d'attachement ; on
s'efforça de contreminer par le sarcasme l'influence politique de ses heureuses et brillantes
qualités ; l'arcenal de la presse fut épuisé, on
lança tous les traits qu'il put fournir ; et comme

en France l'honneur et la probité ne sont que quelque chose, mais que l'esprit est tout, on se décida à n'en reconnaître qu'à soi et à ses amis; alors être fidèle fut une niaiserie; pieux, de l'idiotisme; pour royaliste, cela devint le cachet de la duperie, de la stupidité.

Bonaparte négligé dans son île apprit bientôt la maligne disposition des esprits; il en profita sans retard; et le mois de mars 1815 ramena le despotisme et son héros. Madame, duchesse d'Angoulême, se rendit à Bordeaux; on lui en ouvrit les portes, on promit de l'y garder, de l'y défendre; c'est cette même ville qui depuis... Mais alors elle était fidèle. Madame, dans ces circonstances, déploya le plus beau caractère; elle s'efforça de rallier les troupes, de les maintenir dans le devoir, et d'éloigner ainsi le désastre de la partie, l'échec de nos armes et la dilapidation de la fortune publique. Comme Jeanne d'Arc, sa main saisit le drapeau des lis, elle le montra aux soldats indécis : « Français ! l'entendit-on s'écrier, méconnaîtriez-vous ma voix ? « ce n'est pas celle d'un Corse, d'un étranger; « je suis Française, moi ! » On lui prodigua de grandes protestations, on lui adressa de belles harangues , puis on l'abandonna. Aussi , depuis ce temps, Madame a souvent répété dans ses voyages officiels : « Point de serment !.... pas de discours ». Trahie par une partie des troupes , menacée par les capitaines de Napoléon , la duchesse d'Angoulême quitta Bordeaux pour passer en Espagne. Nous emprunterons à une relation publiée , et que l'on doit à la plume et au cœur d'une femme * , aussi distinguée par son esprit que par son rang et sa naissance , quelques détails sur ce départ :

« Les autorités militaires contraignirent les habitants de Bordeaux à ne point paraître dans les rues que la duchesse d'Angoulême aurait à traverser pour gagner la frontière , et il ne fut pas même permis de se montrer aux fenêtres : il était interdit de les ouvrir, et les volets dûrent rester fermés. Les Bordelais descendirent dans la partie souterraine de leurs habitations , et quand le cortége de Madame défila, on ne vit personne, mais on entendit partout sur son passage et sans interruption les cris de *vive le Roi! vive Madame!* ils partaient de l'intérieur des mai-

---

* Madame la duchesse de Damas.

sons et semblaient percer la terre : Madame n'avait pas encore reçu d'hommage plus touchant. »

L'éloignement de la patrie recommença les peines de la duchesse d'Angoulême, son courage les surmonta ; cette épreuve du moins fut de courte durée. Napoléon reparut appuyé sur le dogme de la souveraineté du peuple, qui du reste, en cette circonstance, était mal appliqué. Cette base a le privilége de renverser d'elle-même la statue qu'elle supporte ; Bonaparte en fit une expérience cruelle : il fut mal secondé et bientôt vaincu. Une seconde fois le Nord de l'Europe déborda sur la France, mais Alexandre ne vint plus en pacificateur ; il laissa les alliés s'avancer, et resta dans sa tente comme Achille. Nous allions connaître dans toute son étendue la condition du vaincu, lorsque Louis XVIII et Madame accoururent de nouveau : le roi jeta son sceptre au milieu des combattants ; ils s'arrêtèrent ; on négocia ; l'indépendance de la France fut assurée, et le Roi, toujours sauveur de ses peuples, les revit avec transport et en fut reçu avec ivresse. Madame avait partagé le déplaisir royal, elle ne fut pas privée des joies du retour. Mais quelle épreuve l'attendait sous les murs de Paris!

Les calculs ou les erreurs de la politique forcèrent Louis XVIII à l'admission dans ses conseils d'un homme trop fameux, et dont le nom était un affront pour la royauté : Fouché, duc d'Otrante, fut imposé pour ministre au roi de France : *Sic voluêre fata.* La duchesse d'Angoulême allait être obligée de se trouver en face d'un régicide, de lui parler, de le rencontrer souvent à la cour. Cette princesse vindicative, si l'on en croit ses ennemis et les nôtres, éclatera sans doute en reproches, en expressions courroucées; on était attentif, on épiait la première audience publique où Fouché oserait se montrer. Elle eut lieu; que vîmes-nous? Madame reçut le duc d'Otrante sans accueil, mais sans trop de froideur; soumise au Roi, il ne lui échappa ni plainte ni murmure, et quand ce même Fouché se présenta dans les appartements de la fille de Louis XVI, peu d'instants après un mariage honorable qu'il venait de contracter, cette princesse poussa la bienveillance et la résignation jusqu'à lui adresser ce peu de mots : *Je souhaite, Monsieur, que vous soyez heureux dans votre ménage !* Il y a du magnanime dans cette prodigieuse bonté.

Dans le cours de cette année 1815, la chambre introuvable (suivant l'expression d'un monarque spirituel et fin), mais qui en effet ne devait plus se retrouver, ne se crut point obligée à la même tolérance, qui, vertu admirable chez Madame la duchesse d'Angoulême, eût été lâcheté ou coupable indifférence dans les représentants de tout un peuple. On traita la question palpitante des régicides; le Roi avait fait grace de la vie et de la fortune, la France ne voulut point pardonner les maux récents que ces hommes avaient ramenés; elle ordonna le bannissement des relaps, qui, une fois déja, ayant porté une main homicide sur la personne inviolable et sacrée de Louis XVI, venaient encore de frapper criminellement la monarchie, c'est-à-dire, la patrie tout entière représentée aussi par son roi. La justice éternelle craignit un instant que Madame, exécutrice testamentaire de la clémence de Louis XVI, ne se fît ouvrir les portes du palais législatif, et que là, couverte des voiles du deuil, et l'immortel testament à la main, elle ne vînt elle-même demander la grace des meurtriers de son père. On eut de la peine à la détourner de ce dessein.

Toutes les plaies faites à la France par le retour de Bonaparte furent fermées successivement par Louis XVIII; les alliés se retirèrent à la prière du Roi; l'armée se reforma. Honneur au duc de Bellune qui sut rassembler tous les débris de nos gloires! Malgré l'impôt de guerre, nos finances prospéraient, l'industrie était encouragée, les beaux-arts fleurissaient par les soins de l'émulation; la paix et l'abondance sortirent de nos ruines.

Madame la duchesse d'Angoulême jouissait au sein de sa famille d'un repos, d'une satisfaction qui devaient l'étonner; mais rien n'était changé dans nos destinées : la conspiration contre les Bourbons n'était pas abandonnée, elle poursuivait dans l'ombre ses horribles projets. L'infame Louvel aiguisait son poignard; une royale victime fut désignée à ses coups. Jamais la révolution n'avait médité de crime plus décisif : il s'agissait de déraciner l'arbre généalogique de la légitimité. La hache fut aussitôt levée, le duc de Berry tomba, et cependant l'affreuse espérance qu'on avait conçue ne fut rem plie qu'à moitié : la branche aînée des Bourbons ne devait pas finir par ce lâche assassinat. Mais la duchesse d'Angoulême connut une affliction jusque là épargnée à son ame sensible : la révolution lui avait caché le lit de mort de ses parents, elle allait pour la première fois être témoin des derniers instants de l'un des siens : elle vit la sublime agonie du duc de Berry. Ici comme toujours, la dignité fut la compagne inséparable de la douleur de Madame, sans rien faire perdre de déchirant à sa sensibilité profonde!

Pendant que les protées révolutionnaires prenaient toutes les formes, empruntaient tous les langages pour tromper sur leurs intentions, et parvenir ainsi à l'époque où trois jours suffiraient pour renverser une monarchie de quatorze siècles, la duchesse d'Angoulême poursuivait le coûrs de ses bienfaits : les trésors de sa charité relevaient nos temples, soutenaient nos hôpitaux, réparaient les chaumières, et pénétraient, quand il le fallait, dans le château, dont les murs, quoique revêtus d'un reste de magnificence, couvraient souvent une noble misère, seul fruit d'un dévoûment négligé.

Paris aurait à raconter des merveilles, s'il voulait dire ce que les aumônes de Madame ont soulagé d'infortunes, ce qu'elles ont préservé de découragement. La duchesse d'Angoulême avait sa police secrète, ses agents multipliés chargés uniquement de découvrir l'indigence honnête qui ressent quelque honte de son dénûment non mérité; ils devaient néanmoins rechercher les fautes de l'erreur, sinon du crime, pour les empêcher de conduire par l'abandon au désespoir. Une main invisible distribuait des secours sans cesse renaissants : le vieillard paralytique trouvait sous son chevet l'argent nécessaire pour adoucir sa position; les mères ne manquaient plus du linge et des simples vêtements indispensables à la conservation des enfants à la mamelle. La duchesse d'Angoulême savait entrer dans la charité de détail : à telle privation il fallait du pain, à telle autre du bois en hiver, à tel affaissement de la nature et de l'âge, une nourriture saine et fortifiante; tout était prévu, tout était accordé.

Nous avons eu récemment l'occasion d'en faire le sujet de nos méditations. Si les militaires de tout grade, guerriers de Marengo, comme vieux soldats de la Vendée, si les habitants de villes et de nos campagnes, si tous les hommes enfin sauvés en grand nombre de l'adversité et de la détresse par Madame la duchesse d'Angoulême, s'étaient levés pour lui servir de cortége, lorsqu'on vient de lui faire reprendre le chemin de l'exil, cette princesse, sans y avoir pensé, se fût trouvée à la tête d'une armée forte seulement de regrets et de reconnaissance : c'eût été une garde d'honneur digne de Madame la Dauphine. A la vue de tant de Français abattus, à cette révélation spontanée de tant de bienfaits ignorés jusqu'alors, les esprits les plus irrités auraient hésité peut-être à mettre l'étendue des mers entre le malheur et la bienfaisance.

Ne nous écartons plus de la route où nous venons de devancer les événements. Le mois de juillet approchait. Madame la Dauphine était allée prendre les eaux de Vichy. A cette époque, un dissentiment grave s'était élevé entre le gouvernement et la chambre des députés ; on prévoyait que la couronne, poussée à des mesures extrêmes, pourrait succomber dans une lutte jugée pourtant inévitable. Madame la Dauphine, absente de la cour, semblait échapper à toute

responsabilité : confiante en la bonté du Ro
comme en la fidélité des peuples, elle parcou
rait les provinces , qu'elle charmait par un
bienveillance plus affectueuse que jamais Qnel
que pressentiment avertissait-il Madame d'un
prochaine séparation avec la France qui lui es
si chère ? Quoi qu'il en soit, il n'échappa à per
sonne que la Princesse recevait les hommage
et les vœux avec plus de satisfaction encore qu
de coutume. A Moulins, où cependant on l
voyait presque chaque année, on redoubla d'ac
clametions à son arrivée et de marques de cha
grin à son départ. Les villes d'Autun et de Mâco
firent remarquer leur enthousiasme. A Bourg
Madame la Dauphine visita l'église de Brou
chef-d'œuvre d'élégance gothique. Madame n'é
tait point venue jusqu'à ce jour dans la capital
de la Bresse ; elle appuya elle-même sur cett
circonstance flatteuse pour les Bressans qu'ell
s'était détournée de trente lieues pour les voir
En quittant Bourg elle ouvrit sa bourse aux mal
heureux, et se recommanda aux prières d
M. l'évêque de Belley , prélat qui rappelle l
savoir et la pureté de l'Église primitve. Le
voitures arrivées, on entendit quelqu'un s'écrier

Madame est comme le bonheur, elle passe trop vite! Ce peu de mots devint une prophétie ; en effet, le bonheur était fini pour Madame et pour nous : les ordonnances , cause ou prétexte de maux incalculables , avaient été rendues. La Dauphine en avait eu connaissance à Mâcon par l'entremise du comte de Brosses , préfet du Rhône , qu'une dépêche télégraphique en avait instruit. On était convenu de laisser au *Moniteur* seul le soin d'apprendre cette détermination des ministres. On ne connut donc les ordonnances à Bourg que trois heures après le départ de Madame la Dauphine. A Lons-le-Saunier, le voyage commença à être difficile ; à Dijon, il devint périlleux ; à Semur, petite ville de Bourgogne, tout demeura morne et silencieux autour de Madame. On perdit les traces de la princesse jusqu'à Fontainebleau , où elle s'arrêta pour apprendre la révolution de Paris et les suites terribles d'une courte , mais déplorable guerre civile. Le cœur de la Dauphine fut navré ; vainement on cherchait à lui cacher une partie de nos malheurs, elle repoussait les paroles rassurantes et disait : *Le sang français a coulé, je ne m'en consolerai jamais !*

Ce ne fut qu'à la faveur d'un déguisement que Madame put parvenir jusqu'à Saint-Cloud. L'attachement du Roi pour cette princesse et la tendresse que lui portait M. le Dauphin furent exploités pour décider le Roi à la tardive ressource des concessions ; et, d'après la déposition de M. de Sémonville, ce fut en rappelant à un père, à un époux, que les jours de Madame la Dauphine étaient en danger, que fut proposé le ministère Mortemart. On n'accepta point à Paris cette combinaison politique ; l'abdication de Charles X et de M. le Dauphin n'obtint pas un meilleur succès. La duchesse d'Angoulême alors réunie à sa famille prouva qu'il lui était facile de renoncer à une couronne qu'on ne pouvait mettre sur sa tête que par la prolongation d'une guerre de Français contre Français : l'auguste fille de Louis XVI consentit sans hésiter au sacrifice de tous ses droits, mais elle n'abdiqua pas la bienfaisance ; et quelque part qu'elle soit exilée, la duchesse d'Angoulême restera la reine du pauvre et la mère de l'orphelin.

La révolution de 89 recommença pour Madame : en peu de jours elle retrouva les inquiétudes, les angoisses du 6 octobre ou du retour de Varennes. On la menaça du peuple, qui se portait avec fureur sur Rambouillet ; et le même nom de Lafayette, comme en 90 et 91, dominait les insurrections. Des commissaires aussi furent nommés pour protéger le voyage de la famille royale ; ils prirent place dans la voiture du Roi comme autrefois Barnave et Péthion. Puissent MM. de Schonen et Odillon-Barrot ne pas être traités par la révolution avec autant d'ingratitude que leurs devanciers !

De Rambouillet jusqu'à Cherbourg, la duchesse d'Angoulême eut l'occasion de reconnaître combien il avait fallu peu de temps pour égarer les habitants des provinces. Un an plus tôt elle s'était vue, ainsi que M. le Dauphin, l'objet d'une vénération méritée ; et la princesse savait bien, en pénétrant dans le for de sa conscience, qu'elle n'avait rien fait, rien souhaité qui eût pu lui faire perdre l'amour des peuples. En traversant naguère les villes de Normandie, chaque maison, à son approche, s'était pavoisée de drapeaux blancs et de guirlandes de lis ; les cris de *Vive le Roi* avaient continuellement salué son passage ; aussi Madame ne put-elle retenir ce peu de mots : *Quelle différence !*

Au Temple , Madame avait supporté sans se plaindre le dénûment le plus absolu; cette épreuve se renouvela : les augustes voyageurs manquaient des choses les plus nécessaires. Aussi, lorsqu'on annonça en route l'arrivée de quelques fourgons, *Ah! tant mieux !* répondit Madame , *je vais du moins avoir des chemises !*

Pourtant quelques marques d'intérêt brillaient au milieu d'un délaissement presque général : la famille royale remarqua que beaucoup de gardes nationaux et de simples habitants dérobaient aux regards de Charles X les nouvelles couleurs adoptées par le nouveau gouvernement, et qui ne pouvaient, dans ce moment surtout, être agréables aux princes qui s'exilaient. Madame reconnut que bien des yeux étaient mouillés de pleurs , et que la plupart des physionomies étaient empreintes de tristesse.

Le moment des adieux arriva. Lorsque Charles X délia de ses serments sa garde fidèle, qui lui fit la remise du drapeau royal , Madame se montra digne de Marie-Thérèse , dont elle descend ; son courage et son affliction ont laissé des souvenirs ineffaçables. L'armée s'empressa de rendre à la duchesse d'Angoulême les derniers honneurs dus à ses vertus et à son rang.

Madame s'approcha lentement du vaisseau qui allait l'arracher à la France ; elle semblait vouloir retarder autant qu'il dépendait d'elle, l'instant où son exil allait recommencer. De cette suite nombreuse qui l'accompagnait sans cesse, de cette pompe des cours à laquelle depuis quinze ans Madame était accoutumée, il n'y avait plus que le tillac presque désert d'un navire étranger ! En y entrant, la duchesse d'Angoulême ne vit guère à ses côtés que la marquise de Saint-Maure. Cette dame, attachée à la princesse moins par une charge à la cour que par son dévoûment personnel, avait été du voyage de Vichy ; elle avait partagé et adouci la cruelle position de Madame.

Tant que l'on put apercevoir les côtes de France, la duchesse d'Angoulême tint ses regards fixés sur nos rivages ; on ne les distingua bientôt que comme un point imperceptible, et encore ce point disparut. Ce fut alors que Madame entra dans l'intérieur du vaisseau, et qu'oubliant ses propres douleurs, elle se dévoua à reprendre auprès du Roi et du Dauphin sa mission accoutumée, celle de plaire et de consoler.

Les ports de l'Angleterre s'ouvrirent au même

instant à la famille des Bourbons. Nous ne savons pas ce qui est encore réservé à Madame sur la terre ; mais nous avons foi à ce que lui garde le Ciel. Louis XVI , Marie-Antoinette , l'enfant-roi Louis XVII , et la pieuse Élisabeth y sont au rang des plus illustres martyrs. Madame a bien assez souffert pour monter jusqu'à eux. Aussi, quand le temps sera venu , elle ira les rejoindre, et, dans les demeures éternelles , la famille royale ne se séparera plus !....

CHAPITRE VI.

—

LA MORT DU DUC DE BOURBON.

✼

CHAPITRE VI.

La Mort du Duc de Bourbon.

Le monde apprit sa fin, la tombe sait le reste !
DELILLE.

Une bannière à jamais voilée d'un crêpe funèbre et abaissée dans la poussière, un écu brisé, une lance rompue : voilà tout ce qui reste d'une illustre maison, la France ne verra plus de Condé !.... Cette race de héros s'est éteinte ; disons mieux, elle a été violemment détruite : le dernier coup qui l'a frappée ne laisse d'indécision qu'entre le suicide et l'assassinat ! Chantilly , demeure jadis somptueuse et élégante ; Chantilly , dont les frais ombrages virent autrefois rêver le grand Condé ; Chantilly , dépouillé de sa splendeur par les dévastations révolutionnaires , avait conservé cependant un noble débris d'une ancienne gloire. Le duc de Bourbon y cachait sa douleur ; ce prince est tombé en même temps que l'ancienne monarchie ; le bruit de sa chute s'est amorti au milieu des clameurs populaires d'où s'élevait un nouvel ordre choses ; personne n'a paru entendre les derniers soupirs du dernier condé ! Un matin l'on s'est dit : Le duc de Bourbon a été trouvé pendu à une fenêtre de son appartement ! Et cette mort étonnante , mystérieuse , le soir on n'en parlait plus. Elle retentira dans l'histoire , et le trait caractéristique d'une telle fin , suivie d'un tel oubli ou d'une telle indifférence , peindra l'époque que nous ne faisons qu'esquisser. Racontons quelque chose des malheurs qui ont desséché une source si féconde en grandeurs !

En 89, le prince de Condé quitta la France, d'où l'on proscrivait la naissance et l'illustration.

Il partit accompagné du duc de Bourbon et de ce jeune duc d'Enghien , prince doué d'autant de bravoure que de beauté , brillant météore dont l'éclat si vif devait marquer un bien court passage sur la terre. La noblesse française accourut sur les pas des trois Condés ; en peu de jours on rassembla vingt mille chefs , mais pas un soldat. Le duc d'Enghien , à peine sorti de l'enfance , se sentit la noble ambition de monter au dernier rang militaire. Un La Tour d'Auvergne était depuis des siècles en possession du titre de premier grenadier de France ; le duc d'Enghien s'empara de celui de premier soldat de Condé : son exemple fut suivi avec enthousiasme. Une armée française se forma au delà du Rhin ; nous ne la suivrons ni dans ses triomphes , ni dans ses revers.

Après une longue guerre et les plus cruelles catastrophes , la coalition de l'Europe se rompit , l'armée de Condé fut licenciée. A la terreur de 93 avait succédé le gouvernement dérisoire de cinq directeurs ; à ces directeurs , trois consuls ; à ces consuls , un empereur : ce fut Bonaparte. Sa gloire était pure , elle blessa les yeux de quelques révolutionnaires encore

puissants. Inquiets de leurs remords , ils frémi-
rent à la pensée du trône de France occupé par
un guerrier irréprochable : de cette élévation
prodigieuse, il se rirait peut-être de leurs inu-
tilés forfaits ; ils eurent peur qu'il allât jusqu'à
la fantaisie de les en punir. « Règne sur nous ,
dirent-ils alors, mais deviens un instant notre
égal : fais-toi criminel ! »

Des flatteurs intervinrent, la bassesse intrigua,
des courtisans se dévouèrent ; ils épargnèrent à
Bonaparte les détails d'un meurtre : on ne lui
demanda que de laisser faire , après un premier
ordre donné. Alors le duc d'Enghien, qui se re-
posait au sein de la paix de la fatigue des camps
et du découragement d'une noble cause perdue;
ce prince , qui, semblable en tout à Bayart, à
Duguesclin, ne dédaignait pas un sentiment tendre, heureuse faiblesse des héros , fut enlevé
contre la loi des nations , contre le droit des gens,
à sa modeste retraite d'Étenheim. Là , depuis
plusieurs mois, il habitait une chaumière ; l'épée
d'un Condé s'y trouvait suspendue ; dans le voisinage vivait un objet aimé : qu'eût offert de plus
un palais?

On avait averti le prince de quelques mouvements de troupes sur la frontière; ses amis en concevaient de l'inquiétude; son ame noble et confiante ne put soupçonner une lâcheté déshonorante. Le prince était presque seul et sans défense; son séjour dans les états de Bade n'avait aucun but politique : Machiavel l'eût respecté! Cependant on surprit le duc d'Enghien encore endormi; on le jeta dans une chaise de poste qui ne s'arrêta que dans les cours du donjon de Vincennes; il reconnut, en descendant de voiture, le château funeste aux grands hommes de sa race.

Une prétendue commission militaire était assemblée; il n'y eut ni accusateur ni témoins; on ne fit comparaître qu'une victime! pour toute procédure, un brusque interrogatoire : « Quel est ton nom? — Louis-Antoine de Bourbon-Condé, duc d'Enghien. — Ton âge? — Trente-deux ans. — Tes qualités? — Prince Français. — Il y a identité. La mort! »…. Le duc d'Enghien la reçut en effet, la nuit, dans les fossés de Vincennes; son courage ne se démentit pas un instant. Il arrive à minuit, à six heures du matin le prince n'existait plus!...

Le même jour, de perfides conseillers de Bo-

naparte virent une tache de sang imprimée su
son front ; ils tressaillirent d'une horrible joie , e
s'inclinèrent devant lui pour marque de déférenc
et de soumission. Depuis ce temps, le regard d
Napoléon indiqua un malaise inquiet : il entass
les lauriers sur sa tête, il en forma une triple cou
ronne ; mais toujours les hommes habilemen
coupables qui l'avaient rendu leur complice , s
montrèrent la tache de sang qui les unissait...

On ne savait pas où la dépouille mortelle d
l'infortuné duc d'Enghien avait été laissée. A l
fin d'une journée d'automne , peu de temps aprè
l'affreuse catastrophe , nous avions parcouru tris
tement le bois de Vincennes ; le chêne antiqu
où Saint-Louis rendait la justice à ses sujets
était desséché. Ramené par nos souvenirs d
côté du donjon , nous étions appuyé sur un de
parapets qui se continuent près du parc ; nou
donnions un libre cours aux pensées les plus mé
lancoliques : une bonne vieille femme chargé
de bois qu'elle venait de couper dans la forêt
s'arrête près de nous ; elle prend un moment d
repos, bientôt elle mêle ses soupirs aux nôtres
et poussée par un instinct de sympathie qui s'es
rarement trompé dans nos temps de discorde e

de malheurs, elle nous dit bien bas : « Je vois ce que vous cherchez, approchez-vous, il est là.... Oui, dans ce fossé ! » Et un peu de terre fraîchement remuée formait un tertre à peine recouvert d'un gazon flétri..... Une couronne d'immortelles était placée tout près de là sur l'antique muraille du château.... sans doute une main chérie,.... celle peut-être de la femme inconsolable... Ne trahissons pas un secret qu'en mourant, le duc d'Enghien n'a pas dévoilé....

Nos genoux fléchirent, des pleurs amers échappèrent à notre cœur ! « Hélas ! voilà donc tout ce qui reste de ce jeune héros? » La bonne vieille ajouta : « Quelque chose encore,..... son chien; il a été recueilli par de braves gens; voulez-vous le voir? suivez-moi, mais de loin.... » Elle entra chez le plus obscur habitant de Vincennes; il nous fut permis de caresser un instant le dernier ami du jeune Condé.

Bien des années s'écoulèrent, la restauration avait eu lieu. Un jour de réception au palais Bourbon, admis à faire notre cour au Nestor des chevaliers français, tout-à-coup, le pauvre chien nous revint à la mémoire. Nous partons, nous cherchons; on nous apprend que le fidèle animal,

encore malgré lui, avait changé de maître. O
nous indique un restaurateur de Saint-Mandé;
courir fut une prompte détermination. La maî
tresse du logis nous reçoit, nous nous informons
« Ah ! Monsieur, quels chagrins rappelez-vous
hélas ! son sort a été affreux ! on a prétendu qu'i
avait été mordu par un chien enragé, on l'
poursuivi et *fusillé* à notre porte, sous nos yeux..
puis après, ces mauvaises gens ont reconnu qu'il
s'étaient trompés : lui aussi est tombé victim
de la méchanceté, de la calomnie!... »

Jamais M. le duc de Bourbon n'a pu se console
de la mort de son fils ; son esprit en a constam
ment paru accablé ; il ne recouvrait son ancienn
énergie que lorsqu'un événement quelconqu
lui rappelait le meurtre du duc d'Enghien. Pou
ne rencontrer aucun des personnages que l'o
accusait à tort ou à raison d'avoir participé à l'a
tentat qui désolait sa vie, il fuyait la cour. U
jour il apprend que le duc de R. doit y paraître
que dans une audience il s'est justifié auprès d
Louis XVIII ; le duc de Bourbon entre chez l
Roi : « Sire, lui dit-il, je viens remplir auprè
de Votre Majesté les devoirs de ma charge (i
était grand-maître d'hôtel de la couronne); mai

si R..... ose se montrer devant moi, je lui passe mon épée au travers du corps; après, je vous offre ma tête ! »

M. de R. ne parut pas.

Le duc de Bourbon partageait sa tristesse entre Saint-Leu et Chantilly. La révolution de juillet éclate; la famille royale retourne en exil. Le journal officiel apprend que le duc de Bourbon ne quitte pas la France, qu'il approuve et admire l'héroïsme de Paris vainqueur; qu'il souscrit pour dix-mille francs en faveur des blessés des trois journées..... et à très peu de distance, le même journal annonce la mort du duc de Bourbon !... Une enquête est ordonnée; il résulte de l'information que le dernier des Condé a subi une mort violente, qu'il a été trouvé accroché par le cou à une espagnolette, dans sa chambre à coucher; on ajoute qu'il s'est lui-même donné la mort.... Admettons cette hypothèse : quel profond désespoir a donc été celui du prince pour le porter à une action si opposée aux principes qui ont illustré toute sa carrière? Si le duc de Bourbon s'est tué, c'est un acte de désolation. Mais on a su depuis qu'il faisait des préparatifs de départ, qu'il s'était muni de beaucoup d'or... On

s'est souvenu que dans tous les temps, le duc de
Bourbon avait montré une invincible horreur
pour le suicide.... La Cour royale a instruit de
nouveau.

Quoi qu'il en soit, le duc de Bourbon a bien
fait de mourir, fût-ce étranglé : il ne verra pas
la France relever les statues de Napoléon, et ne
pas permettre aux lis de croître sur le tombeau
du duc d'Enghien!....

CHAPITRE VII.

—

ENCAN ROYAL.

❋

CHAPITRE VII.

𝕰𝖓𝖈𝖆𝖓 𝖗𝖔𝖞𝖆𝖑.

Tout dans la France, hélas! blesse les cœurs français!
RÉSUMÉ.

« *Madame* voyageait cette année, elle allait
« à la conquête des cœurs dans l'Ouest et le
« Midi de la France ; les Vendéens, les Gascons,
« les Béarnais et les Languedociens aimaient
« jusque là *Madame* ; depuis, ils l'adorent, et
« font bien. Elle possède toutes les qualités

« brillantes qui plaisent au peuple; elle a cette
« grace qui attire, cette bonté qui retient, et
« montre cette reconnaissance des services qui
« engage ceux à qui on la témoigne à la mériter
« par de nouveaux efforts. »

Cette esquisse d'un portrait ressemblant sans
être flatté, n'a point été tracée par une main sus-
pecte de royalisme : nous l'avons trouvée dans
les prétendus *Mémoires d'une femme de qualité*,
tome IV, page 376.

Voilà donc en quels termes l'opposition s'exprimait sur une auguste princesse, au commencement de l'année 1830, et depuis... l'adversité la plus inattendue, la moins méritée (car
personne que nous sachions n'accuse Madame la
duchesse de Berry de nos malheurs), est venue
frapper cette jeune et aimable princesse : elle est
partie pour l'exil, pauvre et délaissée, n'emportant que le souvenir de cette France qu'elle
aime. Les écrivains, les poètes, toutes les plu-
mes, tous les cœurs vont se réunir pour plaindre
Madame, pour essayer de la consoler. Tant de
bienfaits oubliés, tant de bonté méconnue, tant
d'avenir troublé, et le sexe et l'âge trouveront

ensemble des défenseurs. Au reste , à quoi bon ? qui songerait à insulter à d'aussi nobles , d'aussi touchantes infortunes ? le sentiment exquis des convenances qui toujours a distingué le caractère français , protégerait les vertus de *Madame* , au défaut même de justice et de raison. *Madame* sera-t-elle forcée par une affligeante nécessité d'ordonner la vente de ces tableaux dont elle chargea sa galerie pour encourager les arts jusque dans leur médiocrité , lorsqu'on pouvait n'en pas exclure l'espérance ; et ce qui lui coûtera bien moins , les riches vêtements qui brillèrent dans ces fêtes que Paris admirait , en en profitant , se verra-t-elle contrainte à s'en dépouiller pour jamais ? Alors , et tableaux , et meubles , et parures , deviendront l'objet d'une espèce de culte pour beaucoup d'entre nous ; pour tous ils seront encore un mélancolique sujet de méditations tristes et profondes. Mais certainement aussi de froids jeux de mots , d'insultants rapprochements , des quolibets insipides expireront sur les lèvres de la malveillance ou de la prévention. Ah ! l'esprit le plus caustique , l'ame la plus glacée s'ouvriront à une douce et affectueuse pitié ! Eh bien ! écoutons :

« Allez à la rue de Cléry, vous verrez la
« vente qui s'y fait; il s'agissait du mobilier
« d'une princesse vivante, et pourtant si vous
« n'aviez pas été averti, vous auriez juré que
« c'était une vente après décès, et que la morte
« avait été comédienne de son vivant. »

Écoutons encore.

« Ajoutez à ces toilettes bizarres, de fausses
« parures, des bijous en cuivre doré, des pierres
« factices, des diamants faux, tout ce luxe
« misérable qu'une grande comédienne ne se
« permet même pas sur son théâtre. »

Écoutons toujours.

« Aussi, dans cet étalage de Madame la du-
« chesse de Berry, on retrouve, comme dans tous
« les étalages de ce genre, quelque chose de
« la femme, quelque chose de la comédienne,
« quelque chose de la princesse! »

Ces expressions d'une ironie cruelle dans sa
légéreté, amère dans son insouciance, les attri-

buerons-nous à ces vieilles haines républicaines nourries de rancune et de fiel contre toutes les têtes qui ont approché d'une couronne ? Détrompons-nous ; elles ne sont rien qu'une inspiration sans conséquence, un premier jet romantique avoué par un jeune auteur auquel il n'est point reproché d'antécédents funestes. Et ces lignes échappées à un cynisme littéraire et politique, elles ont été recueillies, non point par un de ces écrivains qui ouvrent l'abyme et nous y poussent avec violence, mais par les rédacteurs d'une feuille périodique qui long-temps prodiguèrent le dévoûment et la louange à la mère du duc de Bordeaux ! Et d'ailleurs, quelle indécence, quelle maladresse dans ce mot *comédienne* grossièrement ramené trois fois : Il est bien question de comédie ! ah ! c'est à la tragédie que la duchesse de Berry a pu s'accoutumer !

Au fond, qu'est-ce que tout ce bruit ? on s'étonne d'un encan royal, il serait mieux d'en rougir. Le rire imprévoyant de la moquerie retentit sans obstacle dans le palais des rois : il y a eu d'ignobles facéties sur une épée réclamée par le prince qui fut dauphin ; et qui sait ? cette épée fut peut-être celle de Henri IV ou de François Iᵉʳ,

et, par le code civil du moins, l'héritage en a]
partient à la branche aînée des Bourbons.

Ce n'était pas assez : on s'est senti le couraɡ
de s'égayer sur les pots de confiture et les boi
teilles de vin vendus aux Tuileries ; on a mis ɛ
scène le Sétuval de la régence et le Champagɪ
de madame de Pompadour ; on a fait de l'histoɪ
et du scandale avec du Tokaï et du lacrym:
christi ; et, le croira-t-on ? après avoir détail
l'inventaire de l'office et des caves d'un monarqɪ
déchu, on a bien osé ajouter : *Que dirait Bo.
suet, s'il voyait comme de nos jours les mona
chies finissent ?* Imprudents, qui évoquez si m
à propos la plus grande ombre peut-être d'ɪ
grand siècle ! Ce que dirait Bossuet ? vous le d
mandez !... Bossuet ! il passerait avec dégoût a
milieu de vos répugnantes saturnales, mais il ɡa
derait le silence ; voyez plutôt : Châteaubriand ɛ
tait:

Cependant, nous en conviendrons volontiers
quelque surprise est naturelle, lorsque les des
cendants de soixante rois se trouvent réduits à l
rigoureuse nécessité de laisser crier leurs dé
pouilles, comme à une vente de la place d
Châtelet ! Il fut des puissances plus heureuses

les reines de la famille de Bonaparte ne sont pas tombées jusqu'à vendre leurs atours, les pierreries de leurs nombreux diadèmes n'étaient pas fausses, comme on le reproche aux diamants de la duchesse de Berry. L'Europe était le joaillier de ces princesses improvisées; elles n'en jouissent pas moins, dans le lieu choisi par elles pour retraite, de tout le charme de la vie privée; le luxe n'a pas cessé de les environner, la splendeur même n'a point déserté leurs magnifiques ou élégantes demeures; elles ont conservé des flatteurs avec l'or qui les multiplie.

Et les cinq rois du directoire (malgré ce 13 vendémiaire dont les murs de Saint-Roch perpétuent le souvenir), ils se sont paisiblement retirés dans nos villes ou dans nos campagnes, n'étant amenés par les circonstances à revendre ni ce qu'ils avaient acheté ni ce qu'ils avaient pris. La sœur de Robespierre n'a jamais connu l'indigence, et le sale bonnet de Marat a pu rester une propriété de famille!

Et les coupes sacrées arrachées aux tabernacles pour servir aux Nérons de 93, et qu'ils remplissaient tour à tour de vin et de sang précieux, le temps les a renversées, le vin et le sang leur ont manqué; mais probablement elles sont demeurées vides entre les mains de ces spoliateurs ou de leurs ayant-cause.

Et les vieux révolutionnaires! si l'on cherchait bien, il s'en rencontrerait encore qui n'ont point été contraints à se défaire d'un honnête superflu; ils pourraient surgir du milieu de nous, ceints de la même écharpe, parés du même panache que peut-être ils portaient aux noyades de la Vendée, aux fusillades de Lyon.

Quant à nous, c'est le cœur navré que nous serions sorti de la rue de Cléry, où se vendaient les meubles abandonnés par *Madame*; nous aurions pensé que les beaux-arts, toujours reconnaissants, n'insulteraient jamais à l'infortune d'une princesse qui les protégea; nous nous serions rappelé les Médicis, dont le bronze et le marbre, les pinceaux et la lyre ont pris soin de la renommée. Mais il nous eût fallu regretter le temps où le bon La Fontaine prenait sans le savoir le chemin de l'immortalité par son dévoûment à la disgrace de Fouquet, plus encore que par ses fables inimitables de naïveté et de perfection.

Puis, en écrivant ces lignes réparatrices, notre imagination s'est tout-à-coup reportée au jour

déja éloigné où, sous le gouvernement de Bonaparte, nous avions assisté à la première représentation d'une tragédie de Népomucène Le-
mercier. On y voyait un noble vieillard suivre les
pas d'une reine condamnée à l'exil et à la pauvreté; on lui demande : Que ferez-vous loin de
la patrie? et il répond :

<blockquote>
« Je mendîrai du pain une première fois
« Pour la fille et la veuve et la mère des rois! »
</blockquote>

Le lieu de la scène est près de Paris ; l'inter-
locuteur, un chancelier de France ; l'époque, le
sixième siècle. Dans ce temps que nous appelons
barbare, souvent les grands d'un empire restaient
fidèles à une royauté malheureuse ou déchue;
mais du moins les royales infortunes pouvaient
toujours compter sur le chant plaintif des bardes
et des ménestrels.

CHAPITRE VIII.

BONAPARTE.

CHAPITRE VIII.

Bonaparte,

Attale a le cœur grand, l'esprit grand, l'ame grande
Et toutes les grandeurs dont se fait un grand roi;
Mais c'est trop que d'en croire un Romain sur sa foi.
CORNEILLE. — *Nicomède.*

Dans une salle de spectacle en province on joue *Napoléon à Berlin.*

Le dialogue suivant s'établit dans une loge entre une
eune bonapartiste et un vieux royaliste :

LE ROYALISTE.

Cette pièce est plus que médiocre ; Bonaparte,
ant et si bien loué durant sa vie par Lacépède

et Saint-Jean-d'Angely, et surtout par l'élégant et spirituel Fontanes, trouverait notre encens moderne fade et nauséabond.

LA JEUNE DAME.

Comment ! la pièce est charmante, les couplets délicieux et le sujet heureusement choisi.

LE ROYALISTE.

Choisi n'est pas le mot ; c'est un trait de clémence, et Bonaparte n'a guère que celui-là à se reprocher ; d'ailleurs, ce fait si rebattu de la lettre brûlée a, pendant vingt années, défrayé toutes les mauvaises auberges , tous les cabarets de France : les murs en étaient tapissés ; la gravure obligée détaillait la rare circonstance ; on voyait toujours un général, une grande dame maigre en robe noire, une cheminée sans feu ; ce qui voulait dire Bonaparte , la princesse d'Hastfeld , et une *Action généreuse de l'Empereur*.

(La pièce continue ; on bâille dans la loge voisine ; un jeune homme ayant à sa boutonnière un large ruban tricolore ne s'en écrie pas moins : *fastidieux ! absorbant !*)

LA JEUNE DAME.

L'acteur joue si mal ! il ne rappelle nullement son modèle ; il a une trop longue taille ; il parle trop vite.

LE ROYALISTE.

Eh ! madame, qu'importent et la pièce et l'acteur ? le but est rempli : il y a des trépignements et des *bis*, et de l'enthousiasme ; j'en suis fort touché ; mais, je vous l'avouerai, tant d'admiration m'étonne. Quoi ! nous, auteurs ou amateurs d'une monarchie républicaine, nous nous passionnons pour le despote, le plus habile sans doute, mais le plus absolu !

LA JEUNE DAME.

On l'a persécuté, et le malheur attache.

LE ROYALISTE.

Vous admettez cette conséquence ! ah ! tant mieux ! vous nous permettrez donc quelques regrets pour de plus récentes infortunes.

LA JEUNE DAME.

Et d'ailleurs, je suis fille d'un militaire dis-

tingué, j'aime Napoléon; je ne pense point au
monarque, je ne vois que l'illustre guerrier.

LE ROYALISTE.

Nous allons nous trouver un instant du même
avis; Bonaparte fut un grand capitaine.

LA JEUNE DAME.

Mieux que cela, il fut un grand homme, le
plus grand, le seul peut-être que nous ayons eu

LE ROYALISTE.

Alors, je n'ose pas vous nommer Louis XIV

LA JEUNE DAME.

Louis XIV ! plaisant héros, ma foi ! il ne sut
que danser des ballets et séduire des femmes.

LE ROYALISTE.

Mais, j'ai vu Bonaparte danser la monaco à
Malmaison en présence du corps diplomatique;
et si j'ai bonne mémoire, il dansait fort mal; et
d'ailleurs, pour faire renoncer Louis XIV à son
divertissement favori, et dans lequel il surpassait
en bonne grace tous les seigneurs de sa cour, il
ne fallut que quatre vers de Racine. Quant aux

femmes, ah! je conviens que Bonaparte ne les séduisait pas.

LA JEUNE DAME.

Qu'a donc fait votre Louis XIV comme guerrier? qu'est-ce que son passage du Rhin sur lequel on s'extasiait, auprès de celui de Napoléon? A-t-il franchi les Alpes, percé le Saint-Gothard, envahi l'Europe? Je le répète, qu'a-t-il donc tant fait?

LE ROYALISTE.

Rien, que triomphé constamment des ennemis de la France, reculé nos frontières, soumis des provinces et gardé ses conquêtes.

LA JEUNE DAME.

Ce fut l'ouvrage de ses généraux.

LE ROYALISTE.

Est-ce par hasard que Bonaparte aurait vaincu tout seul? mais non, le prestige de son règne tient en grande partie au choix qu'il sut faire des hommes et des événements : il élevait le mérite qui lui était utile, et quant aux événements, il savait les faire naître ou les maîtriser.

9

LA JEUNE DAME.

Vous voilà amené à prononcer un bel élog(
de mon héros de prédilection.

LE ROYALISTE.

Je ne me flatte pas d'obtenir le même résulta
de votre impartialité.

LA JEUNE DAME.

Ah ! c'est si différent !

LE ROYALISTE.

Je le trouve ; mais enfin, puisque le gouver
nement impérial fut si doux, pourquoi l'avez
vous renversé ?

LA JEUNE DAME.

On a eu besoin pour cela de la coalition d(
l'Europe ; mais si Napoléon est tombé, sa chute
a ébranlé le monde.

LE ROYALISTE.

Hélas ! vous avez raison ; que n'a-t-il donc s(
comme Louis le Grand, mourir debout ?

LA JEUNE DAME.

Louis le Grand ! Louis le Grand ! il n'y a eu d(

grand que son siècle ; et encore, que s'y passa-t-il donc de si miraculeux ?

LE ROYALISTE.

Quoi ! Madame, vous le demandez ! refuseriez-vous réellement votre admiration à une époque, âge d'or de notre gloire, où les généraux étaient Condé et Turenne ; les ministres, Louvois et Colbert ; les orateurs, Bossuet et Fénélon ; les poètes, Corneille et Racine, et Molière, et Boileau, et La Fontaine ; les lyriques, Quinault ; les compositeurs, Rameau et Lully ; les peintres, Le Brun et Mignard ; les architectes, Perrault, et les monuments, la colonade du Louvre et Versailles ; la pensée royale, l'ordre de Saint-Louis et l'hôtel des Invalides ; les beaux-esprits, Bussy et Benserade ; les femmes célèbres, Sévigné et La Fayette ; la beauté, une Grignan ; la faiblesse, Fontange et La Vallière ; enfin, ce qui de nos jours est aussi méprisé que méprisable, ce que nos jeunes corrompus ne nommeraient pas sans quelque rougeur.... une courtisane !.. c'était Ninon ? Eh bien ! Madame, ce siècle si riche de talents, de génie, de merveilles, pour se présenter avec plus d'assurance à la postérité, s'est

paré du beau nom de Louis. On ne dit pas
qu'il fut roi d'un grand siècle ; mais on écrit, on
répète et l'on pense que ce siècle fut celui du
grand roi.

LA JEUNE DAME.

C'est l'adulation de l'histoire !

LE ROYALISTE.

Du moins, ce n'en est pas le mensonge.

(Ici un couplet vient interrompre la conversation
on crie dans toute la salle : *Bravo ! bis !* les gardes nationaux : *Vive Napoléon !* les dames : *Vive Bonaparte !*

LE ROYALISTE.

Que Bonaparte soit cher aux guerriers , cela se
conçoit ; mais aux femmes , mais aux mères !..
le cœur humain s'y perd.

(On baisse la toile ; une foule de voix : *Annoncez
annoncez ! Napoléon en paradis ! Napoléon à Sainte
Hélène ! A bas les Anglais ! Mort aux Anglais ! Le
régisseur se présente sur les bords de la rampe :*
*Messieurs , jeudi prochain sans remise , nous auron.
l'honneur de donner devant vous Napoléon à Sainte
Hélène , sa mort et son apothéose.*

La salle retentit d'applaudissements. La plupart des spectateurs, épuisés d'admiration et de cris, s'écoulent entre les deux pièces ; ils vont à l'estaminet voisin vider des pots de bière, ou au café de la Comédie boire un bol de punch à la santé de Napoléon QUI EST MORT ; la conversation se renoue dans les loges, on n'a même plus le désavantage d'être interrompu.)

LA JEUNE DAME.

J'exige que vous veniez jeudi.

LE ROYALISTE.

Le spectacle le plus curieux est dans la salle ; je suis trop observateur pour vouloir m'en priver.

LA JEUNE DAME.

Pour peu que la pièce annoncée soit passablement conçue et jouée, attendez-vous aux plus déchirantes émotions.

LE ROYALISTE.

Mais j'ai lu le *Mémorial de Sainte-Hélène*, et les volumes de Las-Cazes ; les pages d'Antaumachi m'ont laissé l'ame assez tranquille, et je m'en accuse devant vous les yeux secs.

LA JEUNE DAME.

Quoi! les horribles vexations dont on a assassiné l'empereur n'ont pas révolté votre esprit délicat? Quoi! le monstre qui se nomme Hudson-Lowe n'exciterait pas toutes les colères, toutes les indignations?

LE ROYALISTE.

Malheureusement, ces divers sentiments ont été depuis long-temps épuisés chez moi par votre héros même. Vieux royaliste, je compare les contrariétés infligées à Bonaparte à Sainte-Hélène, avec les humiliations dont fut abreuvé l'infortuné d'Enghien ; j'entends les paroles outrageantes dont furent précédés ses derniers moments ; j'entends l'unique rejeton des Condé insulté par un tutoîment horrible en pareille circonstance, et je lis la condamnation la plus inique prononcée par des juges que venait de nommer un accusateur couronné ; je calcule la rapidité des minutes accordées à la défense ; et Hudson-Lowe, et l'Angleterre, et la Providence surtout, me paraissent trop justifiés.

LA JEUNE DAME.

Oh ! j'étais bien sûre que vous n'épargneriez pas à une grande ombre le funeste événement du duc d'Enghien ! comme si la politique n'avait pas souvent excusé, expliqué des crimes que pourtant chacun s'empresse de déplorer.

LE ROYALISTE.

Oui, quand ils sont suivis de repentir ; mais si l'on en croit les amis de Napoléon, il aurait persisté à dire : « On me reproche la mort du duc d'Enghien, si cela était à faire, eh bien ! je le ferais encore. »

LA JEUNE DAME.

Ne voyez-vous donc pas que ce crime fut nécessaire ; il s'agissait du fameux BE OR NOT TO BE. Les vieux jacobins étaient là avec leurs remords, leurs terreurs ; on parlait de négociations entre Bonaparte et Louis XVIII ; on croyait que le rôle de Monk pouvait tenter Napoléon. Bien imaginé ! à lui, un rôle secondaire ! c'était pitié ! mais enfin on le croyait, ou l'on feignait de le croire. La révolution était dans les angoisses d'une destruction prochaine; mais sa dernière agonie s'annonçait dangereuse, terrible : il lui fallait un gage digne d'elle, un gage de sang. On lui jeta la tête d'un malheureux prince; alors elle s'endormit; on put la museler, et la France et l'Europe respirèrent sous de meilleures destinées.

LE ROYALISTE.

Ah! Madame, je le croyais; mais quelle épouvantable révélation! Ou vous êtes bien ingénieuse, ou vous êtes bien instruite. Dans tous les cas, vous venez en quelque sorte de justifier votre héros; mais quelle responsabilité vous laissez tomber de tout son poids sur ces égoïstes de crime qui peut-être vivent encore, et continuent à conseiller des peuples et des rois!

LA JEUNE DAME.

Non, je ne veux accuser personne; mais vous m'avez poussée à bout.

LE ROYALISTE.

Votre indiscrétion, si c'en est une, me glace d'épouvante, oublions-là.... s'il est possible : il

resté des accidents moins funestes , mais qui di-
minuent beaucoup l'intérêt que vous réclamez
pour le prisonnier des Anglais. Reportons-nous
à ce donjon de Vincennes où de nobles vieillards,
princes de l'église , cardinaux , languissaient pendant des années dans d'obscurs et étroits appartements que l'on pouvait appeler cachots : les
Gabrielli , les Opizoni , ces prélats qui n'avaient
ni un crime , ni seulement une faute à se reprocher , si ce n'est d'avoir placé quelque confiance dans la loyauté de Napoléon. Pensons ensuite à Pie VII arraché la nuit du Capitole , traîné
à Fontainebleau , exposé à toutes les railleries de
l'impiété impériale ; à ce pape grandi dans l'adversité , auquel chaque jour on venait dire
impitoyablement : « Les voitures de la cour
« attendent Votre Sainteté , où veut-elle diriger
« sa promenade, où le Saint-Père veut-il aller ? »
et qui répondit constamment : « à Rome ! »....
Comme alors cela était impossible , le pape ne
sortit jamais , que lorsqu'en effet les chemins
de Rome lui furent ouverts. Je n'oublie pas
davantage tant d'autres victimes emprisonnées
pour un couplet qu'elles ne connaissaient pas,
pour un propos que d'autres avaient tenu ;

et j'admire que Bonaparte atteint par les r
présailles de l'Europe, ait pu jusqu'à son de
nier jour trouver à Sainte-Hélène les douceu
de la vie privée, un logement commode, s
avait voulu l'habiter; une table presque som
tueuse; une bibliothèque, des voitures, des ch
vaux, une cour à laquelle les étrangers sollic
taient la faveur d'être admis; des hommage
des soins, et plus encore, des amis, des serviteu
fidèles; un lit de mort enfin, mais tranquille
mais environné d'égards, de larmes et de pri
res..... et Condé mourut seul! et Pichegru!.
Mais je m'arrête, voyez en quel lieu nous son
mes, je m'en aperçois bien tard; une salle d
spectacle paraît-elle un lieu convenable pour vot
occuper d'empereurs et de princes, de papes
de cardinaux?

LA JEUNE DAME.

Je vous connais maintenant : vous êtes u
homme de parti, et par conséquent un homm
sans pitié.

LE ROYALISTE.

Madame, soyez moins légère dans vos soup

çons, moins vive dans vos offenses. J'ai ressenti jadis une profonde émotion, lorsque l'impératrice Joséphine fut chassée par la politique d'un trône qu'elle avait élevé, d'une cour où elle aurait dû régner toujours ; j'ai pleuré sur sa fin prématurée : elle était victime d'un tendre dévoûment. Je ne combats aucune sympathie en faveur de ce jeune prince, roi dès le berceau, et que des armées si nombreuses proclamèrent sur le champ de victoire héritier légitime d'une gloire immense et d'un empire sans bornes : né du plus heureux des soldats et d'une fille des Césars, l'Europe entière trembla sous son sceptre naissant ; les arts se disputèrent l'honneur d'inventer ses hochets ; les muses chantèrent à l'envi son avenir, et pourtant aussi le soleil de la patrie fut bientôt retiré à son enfance, et ses adulateurs les plus intrépides le condamnèrent les premiers à un exil éternel. Je ne refuse pas même un souvenir à ce roi de quelques jours appelé à gouverner alors les belles contrées napolitaines : il ne se montra point trop indigne d'un trône gagné à la grande loterie des couronnes ; officier de fortune de la royauté, il se fit tuer pour elle, et la terre qui lui fut soumise recouvre encore

ses dépouilles aventureuses. Ne me croyez p[a]
sans estime pour le noble caractère du plus fra[n]
de nos anciens généraux, dont la vie fut u[n]
courte épreuve de prospérités inouïes et de reve[
plus durables : fils adoptif de Bonaparte, il po[u]
vait tout attendre, tout espérer, et si Napoléo[n]
rêvant la monarchie universelle, n'eût pas é[
éveillé avant l'entier accomplissement du son[g]
le plus merveilleux, Eugène aurait eu à choi[s]
de Milan à Vienne, de Moscou à Constantinopl[e]
sur quel pavois il préférait s'asseoir ; mais le bo[n]
heur et les royaumes devinrent pour Beauharna[is]
une terre promise qu'il devait voir toujours, sa[ns]
qu'il lui fût donné d'y entrer jamais.

LA JEUNE DAME.

Ainsi, vous êtes juste envers tout le mond[e]
mon héros excepté !

LE ROYALISTE.

Eh bien ! relativement à Bonaparte, j'ai à m[on]
tour un secret à vous révéler.

LA JEUNE DAME.

Ah ! dites !

LE ROYALISTE.

Il n'a pu échapper à une mort violente, et je connais ses meurtriers!

LA JEUNE DAME.

Et qui donc?

LE ROYALISTE.

Deux ennemis implacables que son sein avait nourris... l'orgueil et l'ambition!...

CHAPITRE IX.

LES PARTIS.

❋

CHAPITRE IX.

Les Partis.

> Il en est jusqu'à trois......
>   BOILEAU.

Le principe que nous avons admis , celui de
la souveraineté du peuple , ouvre un champ
sans limite à l'ambition. Avec ce principe, plus
qu'en toute autre position, le succès justifie ;
il va plus loin : il constitue. On peut alors va-
rier à l'infini les formes du gouvernement, en se

gardant bien d'en renverser la base ; c'est seule
ment un piédestal qui change de statue : au
jourd'hui il porte un roi , demain , un présiden
de république , un consul , un empereur. C'es
toujours la souveraineté du peuple qui s'exerc
et déploie ses conséquences ; c'est la loi du plu
fort ; elle date du jour où , pour la premièr
fois , deux hommes se mirent à vivre en so
ciété ; ainsi elle a commencé avec le monde et n
finira qu'avec lui. Avouons tout : la doctrine di
droit divin , mystérieuse et combattue, pou
vait néanmoins paralyser , sans trop choque
la raison, l'action populaire, ses excès et se
dangers. Comme publiciste de la faction du re
pos , nous serions tenté de dire , à l'occasion d
ce droit divin , que s'il n'était, il faudrait l'in
venter : Numa et Mahomet furent de cet avis
mais aussi comme citoyen, soumis au gouverne
ment établi en France, nous n'entreprendron
pas une controverse opposée à la souverainet
populaire, par la grace de laquelle on règn
maintenant sur nous.

Dans ce chapitre il ne sera donc question d
la légitimité que pour mémoire. Un parti s'
rattache , à ce que l'on soupçonne ; il n'exist

guère que de regrets et de souvenirs ; nous le croyons peu nombreux : il reposerait sur la fidélité, qui coûte assurément plus qu'elle ne rapporte, et l'oubli et l'ingratitude profitent : et puis la restauration est jugée ; Manuel avait appris qu'elle avait été reçue avec répugnance, et M. de Montalivet affirme qu'elle nous faisait mal au cœur : peut-être nous en étions-nous peu douté ; mais à présent nous le savons : il n'est donc plus moyen d'y revenir. D'ailleurs la révolution de juillet en a décidé avec le sabre, elle a coupé le nœud de la légitimité ; on reconnaît un pouvoir supérieur à tout, celui du peuple. Supposons donc que trente-deux millions d'hommes se sont retrouvés rois ; parmi eux ils ont choisi un chef, ils lui ont délégué la couronne, qui ne pouvait couvrir leurs trente-deux millions de têtes à la fois : il y aura donc un roi des rois. Sans doute il pourrait prendre fantaisie à ces millions de souverains de se gouverner d'une autre manière ; mais ils n'appelleraient pas le prince légitime : ce serait abdiquer ; et trente-deux millions d'hommes n'abdiquent pas ; quelquefois ils se soumettent.

Si un jour ils le voulaient ainsi, quel rai-

sonnement y aurait - il à leur opposer ? Nou
n'en connaissons point. Que le gouvernemen
établi rende donc les Français assez libres, as
sez heureux pour leur ôter toute envie de re
tourner sur leurs pas ou d'aller plus avant. C'es
la condition de sa durée. Ainsi , dans l'état ac
tuel des choses et sans doute des esprits , nou
regardons la légitimité comme hors de ligne. S
elle devait être défendue, ce serait par les faits
et non par des écrits : ne donnons donc aucun
tablature au parquet de M. Persil.

La légitimité écartée , la souveraineté du peu
ple non contestée , il ne reste plus que deux va
riétés dans l'espèce : le duc de Reichstadt , et l
république. Examinons d'abord les chances d
premier.

CHAPITRE X.

LE DUC DE REICHSTADT.

CHAPITRE X.

Le Duc de Reichstadt.

> Et pourtant je suis à Vienne.
> BÉRANGER.

Napoléon Bonaparte a laissé de grands, de glorieux souvenirs ; il a saisi une couronne tombée dans le sang, et que personne alors ne songeait à y chercher ; il fut la quasi-légitimité vivante, comme dirait M. Guizot. Bonaparte, qui ne pensa point à régner par la grace de Dieu, releva

pourtant les autels ; il osait aller à la messe,
et s'y faire suivre de ce que la France et l'Europe
lui envoyaient de plus distingué. La souveraineté du peuple lui servit de marche-pied pour
atteindre le trône ; il le plaça ensuite sur un
faisceau de baïonnettes. Quand il fallut se servir de ces mêmes armes pour combattre en sa
faveur , ce trône s'écroula : sa base était portée
sur les champs de bataille. Mais enfin nous pouvions dire du trône impérial qu'il était notre
ouvrage ; nous y avions travaillé de nos mains,
on nous avait consultés pour le couvrir de velours
et d'or. Il est bien vrai qu'on ne nous avait pas
permis l'abus des paroles : Dites *oui* ou *non* ,
nous avait-il été demandé ? On avait dit *oui* , ou
bien on avait gardé le silence ; et par l'application de l'adage *qui ne dit rien consent* , Napoléon s'était trouvé empereur des Français à
l'unanimité des suffrages ; et comme il aurait
pu s'en passer , on lui sut gré d'y avoir recours.
Il sembla dans la suite que chacune de ses
victoires devait quelque chose au scrutin du
moindre hameau ; en rendant sa gloire populaire il devint maître du peuple : ce n'était pas
un moyen usé.

Nous étions ainsi par lui très contents de nous-mêmes ; son ambition du reste, il est juste d'en convenir, marchait fort légalement. Passons lui le 13 vendémiaire, et le 18 brumaire, révolution inverse de celle de juillet, nous n'aurons plus à nous plaindre de rien. Le sénat lui donnait la main pour monter ; le corps législatif était muet, mais on lui avait laissé les mains libres, il s'en servait pour applaudir et pour... recevoir. Jamais un impôt n'était contesté, jamais on ne marchandait une levée d'hommes ; c'était un avant-goût de M. Odillon-Barrot, qui promet notre dernier enfant et notre dernier écu. Enfin, la souveraineté du peuple avait son Louis XIV ; que nous manquait-il ? la liberté de penser ? on ne peut en priver personne ; d'ailleurs, à cette époque, on ne pensait pas, on jouissait d'un présent chargé de gloire. La liberté d'écrire ? à quoi bon ? et ne l'avait-on pas pleine et entière pour louer Napoléon, on pouvait même en abuser largement. Chaque ligne de prose, chaque hémistiche de vers en l'honneur du chef de l'état était payé très généreusement : on gagnait plus alors à encenser le pouvoir, que l'on n'a fait de nos jours pour l'insulter et le détruire. Nous connaissons tel

discours éloquemment fleuri qui a rapporté cen
mille livres de traitement à son auteur, et tell
ode médiocrement rimée que l'on parait d'un titr
et d'un cordon ; un dithyrambe sans chaleur
sans mouvement, pouvait compter au moins su
la décoration de l'ordre de la Réunion : la fi
ennoblissait les moyens. Cela rapporterait moir
de nos jours, et la littérature de pamphlets n
s'est élevée qu'avec peine à une préfecture, dor
encore on a amoindri les émoluments.

En 1813, à force de flatteries et d'élévation
la tête tourna à Bonaparte; sa chute n'en fu
que plus rapide et plus meurtrière. Louis XI
que nous avons cité avait régné noblement pa
le principe de l'absolutisme héréditaire; ses vc
lontés si impérieuses, si sacrées tant qu'il vécu
que devinrent-elles une minute après sa mort
son testament n'obtint pas le privilége de celt
du plus mince bourgeois du royaume : on n'e
exécuta ni la lettre ni le sens; autant n'en esl
il pas arrivé au grand absolutiste de la souve
raineté élective? il a abdiqué en faveur de so
fils, aussi inutilement que Louis ordonnant qu
la régence serait confiée au duc du Maine. Na
poléon meurt en recommandant les droits du rc

de Rome à quelques amis rares et dévoués ; ces mêmes amis, ces illustres témoins de la lente agonie de leur demi-dieu, contre toute probabilité et toute espérance, surgissent au pouvoir ; ils dirigent un instant le flot populaire, et la première chose qu'ils oublient, qu'ils s'empressent de renier, c'est la fidélité à leurs premiers serments. Le nourrisson de la souveraineté du peuple, l'enfant qu'elle a choyé, qu'elle a bercé, est aussi sévèrement traité par eux qu'il le fut par l'Europe entière soulevée alors contre l'usurpateur du monde. Le fils de l'homme n'est plus qu'un prince autrichien ; on sait à peine comment se prononce ou s'écrit son nom. Ainsi, la plus puissante, la plus grande monarchie qu'ait jamais fondée le peuple, ne pousse pas l'hérédité jusqu'à la seconde génération, et l'histoire n'aura pas de Napoléon II. Du moins, Louis XIV eut pour successeurs Louis XV, Louis XVI, etc. etc. : c'est un siècle de plus de stabilité.

Sous le gouvernement de la restauration, le duc de Reichstadt était dangereux, parce que l'opposition se servait de tous les moyens. Alors aussi le sabotier qui s'était dit Louis XVII ; et tous les faux dauphins qui se présentèrent dans

la suite auraient trouvé des partisans pour pe
qu'il y eût eu de vraisemblance et de chance d
succès dans leurs fables grossièrement ourdies
tant on avait envie de vouloir autre chose qu
ce que l'on avait. La conspiration contre le gou
vernement rétabli était flagrante ; d'ailleurs, l
révolntion de juillet a servi à la vieille monai
chie de question ordinaire et extraordinaire : le
accusés ont tout avoué, ils ont déclaré que depui
quinze années du règne des Bourbons, les ser
ments au roi et jusqu'aux acclamations sur so
passage, l'empressement au devant des prince
dans leurs voyages, et l'amour, cet amour si vi
si exclusif pour la charte elle-même, n'avaier
été qu'une longue comédie. La pièce a été bie
jouée, l'illusion complète, le plan adroitemei
combiné, et le dénoûment fort et imprévu. Mc
lière n'aurait eu qu'à imprimer à l'ouvrage le *vi
comica* et le style de verve qu'il possédait, pou
que nous applaudissions un nouveau chef-d'œuvi
qu'on aurait appelé *les Tartufes politiques*.

Assurément, si sous le règne de Louis ou d
Charles on eût permis les représentations de c
drames incommensurables composés en l'honnei
de Bonaparte, de ces pièces en neuf actes q'

ont attiré à l'Odéon, au Vaudeville, à l'Ambigu la population parisienne, l'enthousiasme de ce peuple pour le héros qui l'a mitraillé au 13 vendémiaire se fût changé promptement en une perturbation certaine et menaçante pour l'état. Excités, stipendiés par les conspirateurs, les habitués des théâtres et du Cirque olympique, en sortant de l'apothéose de Napoléon auraient proclamé roi le duc de Reichstadt, au milieu de la nuit, aux flambeaux, comme ils firent du père porté aux Tuileries après le 20 mars. La gravure, la lithographie, la sculpture, la peinture, le bronze, et l'ivoire, le marbre et le crystal, tout a été mis en œuvre pour reproduire les traits de Napoléon : les bustes, les images étaient commandés, recherchés ; le grand homme était réduit aux moindres proportions, c'était une transfiguration continuelle. Il était le savon et le plat à barbe du baigneur, l'agrafe d'une bretelle, le flacon du distillateur, le petit couteau de la foire et l'enveloppe du diablotin ; et cet amas de ridicule n'écrasait pas la grande ombre que toutes les sorcières d'Endor étaient chargées d'évoquer ! Eh bien ! ces tentatives, tout ce fanatisme, tout ce fracas, c'était un acte de la co-

médie : on ne se souciait ni de Napoléon, ni d
son fils ; la légitimité une fois renversée, l'enthou
siasme pour Bonaparte s'est éteint ; son nor
reste en honneur par orgueil national plus qu
par justice et par conviction. Quant à la famill
impériale, elle continue à être proscrite ; on laiss
à la grande idole les vaines acclamations du forur
et du cirque, mais on intervient entre le peupl
belge et la couronne qu'il voulait placer sur l
tête d'un des fils d'adoption de Bonaparte : avoi
appartenu, et du plus loin qu'on se souvienne
aux affections du soldat heureux, c'est encor
un titre à la méfiance du trône. Cependant, l
gouvernement de France paraît convaincu de l
nullité du parti bonapartiste, puisqu'il rend à l
fameuse colonne le Napoléon qui en couronnai
le faîte. Pompée mort, César honora sa cendre
les sénateurs placèrent le même César au rang
des dieux, quand Brutus les en eût délivrés pa
un assassinat...!!!

CHAPITRE XI.

LES RÉPUBLICAINS.

CHAPITRE XI.

Les Républicains.

> Ah ! ne me brouillez pas avec la république !
> CORNEILLE. — *Prusias.*

L'enfance est nourrie d'enthousiasme républicain ; le *Selectæ è profanis* commence la séduction : c'est dans cet ouvrage élémentaire que nous épelons les premiers mots latins et les premières sensations politiques ; Tite-Live vient ensuite embellir de ses patriotiques mensonges les fastes du peuple Romain : la haine des Tarquins si fortement exprimée, s'empare de nos jeune idées, et nous faisons bientôt des tyrans de toute les têtes couronnées anciennes et modernes. Mai non content de nous enivrer, pour ainsi dire e naissant, de l'amour des républiques, on pren(soin encore de guider nos préférences du côt des démocraties pures; les tribuns du peupl plaisent mieux mille fois à notre fierté que l despotisme calculé du sénat, et si nos sym pathies sont éveillées, c'est bien en faveur de Gracques : il n'est pas un écolier de sixième qu ne préférât leur amitié à celle de tous les patriciens de l'ancienne Rome.

Nouveaux Mithridates, on nous accoutume aux poisons; on nous fait monter de la république romaine aux républiques de la Grèce. Lacédémone s'offre à notre avidité, et déja mûr aux impressions durables, on nous transporte a brillant *Forum* d'Athènes; on nous jette au milieu de ses monuments, de ses grands hommes, de son éloquence, de ses philosophes, de ses guerriers; on nous laisse en admiration devant les Aspasie et les Périclès; on nous montre cette Laïs, chef-d'œuvre de la nature, devenue sous

le ciseau de Phidias un chef-d'œuvre de l'art ;
un soleil de liberté éclaire ces tableaux si variés,
si riants. Nous nous prenons d'un superbe mépris pour les rois d'Athènes, dont la mémoire
est maudite et repoussée; nous déclamons les ar-
dentes philippiques de Démosthène, et tout
état monarchique est pour nous la Macédoine.
Eh ! quel est aussi le jeune cœur qui n'ait pas
tressailli d'envie au souvenir des Thermopyles
et de Léonidas? Notre orgueil a grandi, nous ai-
mons jusqu'à l'ostracisme du juste Aristide :
l'abus de pouvoir prouve la force, et la force populaire nous plaît.

Quand, avec les Romains et les Grecs, nous
nous sommes bien saturés de dédains pour les
rois et les peuples gouvernés par le sceptre,
lorsqu'à l'aide d'un enseignement trompeur, ou
grace à l'ignorance préméditée de notre propre
histoire, il se trouve parmi nous mille Timoléons
contre un Bayart, nos études finissent ; le
monde va compléter notre éducation. A peine
avons-nous essayé nos premiers pas hors des
bancs des écoles et de la maison paternelle, que
les bibliothèques publiques et particulières nous
sont ouvertes avec empressement et sans distinc-

tion. Nous dévorons les Œuvres complètes de Voltaire, en commençant par ses écrits les plus licencieux; Rousseau vient ensuite avec le gros bagage de la philosophie démagogique; les livres d'Helvétius et de Diderot, quelques pages de Condorcet, quelques lignes brûlantes de Mirabeau se placent sous nos yeux; c'est sur les lèvres de *la Nouvelle Héloïse* que notre imagination de seize ans saisit au passage les subtilités du doute, et cette volupté raisonneuse que nous croyons bonnement être la véritable sagesse.

Viennent ensuite les sarcasmes contre ce que nos pères ont le plus révéré, la moquerie sur tous les dogmes, le mépris dans lequel tombe devant nous tout homme qui ne partage pas les plus funestes erreurs; la vieillesse insultée; le barreau les cours d'instruction, la tribune, le théâtre ligués contre toute supériorité sociale; l'amphithéâtre des écoles de médecine transformé en arcenal d'athéisme; le scapel disséquant l'immortalité de l'ame, au lieu des causes de mortalité du corps! Les sages de l'antiquité reconnaissaient la toute-puissance des dieux dans la conformation d'un seul des cheveux de l'homme: les découvertes les plus merveilleuses de nos jours conduisent au triste et décourageant matérialisme; la plupart des secrets de la nature nous sont dévoilés, et nous tournons la science contre l'auteur même de tout savoir; nos esprits superbes réalisent la fable des Titans : chaque jour endurcit le rocher d'incrédulité qui doit bientôt rouler sur nos têtes, et nous écraser de son poids terrible!

Dans les salons où nous sommes introduits, au milieu des fêtes, attrait de la jeunesse, le plaisir est de l'opposition : on déverse le blâme sur tout ce qui est; ou vante jusqu'à l'exaltation tout ce qui n'est pas, et même ce qui ne peut pas être. Au milieu d'une contredanse on attaque un ministère; à la fin d'une valse, on est convenu du renversement d'un trône, et souvent l'intimité d'un boudoir s'est changée en projets conspirateurs; la beauté se rend complice de l'insurrection. Dans l'intérieur de nos familles, souvent nous entendons la plainte s'exhaler avec amertume contre tout gouvernement : nous avons vu nos amis, nos parents, se réjouir de la chute d'un Richelieu et d'un Montmorency, de M. de Caze et de M. de Villèle, de M. Pasquier et de M. de La Bourdonnaie, de M. de Martignac

et de M. Lafayette, de M. Dupont de l'Eure e
de M. Guizot. Le passé et le présent s'accorden
à nous rendre ingouvernables et tout impatient
du joug ; quelque léger qu'on nous le rende
nous tendons à le secouer.

Si donc nous n'étions pas républicains, ce serai
le plus étonnant miracle peut-être de cette Pro
vidence, qui, elle aussi, se contente de marche
devant les hommes aveugles qui nient son mou
vement. Ainsi, nous en convenons, il y a en
France, il y a en Europe un parti très nombreu
qui veut établir partout la république, utopi
qui n'est guère plus déraisonnable que la mo
narchie universelle que rêvait Napoléon, et don
Potemkin flatta toujours la grande Catherine d
Russie ; ce qui assura sa longue faveur.

Ce n'est pas ici notre conviction particulièr
que nous exprimons, nous n'avons que l'intentio
prononcée de préciser, de constater un fait, e
nous répétons aux ministres présents et futurs
que la France veut de la liberté, surtout une éga
lité à peu près absolue ; c'est de cette dernièr
concession qu'elle se montre affamée. Il ne s'agi
que de maintenir sur de pareilles bases la paix au
dedans comme au dehors, de modérer l'ardeu

d'un peuple capricieux dans ses exigences, de fortifier le crédit, de faire fleurir le commerce, de rassurer l'industrie, de diminuer les charges de l'état et de rallier les mécontents; de faire cesser alors les récriminations de parti et les expressions outrageantes, de hâter le licencîment des deux camps opposés, parce qu'en bonne politique il n'y a guère eu que des vainqueurs de places, et que les véritables vaincus ont été quelques centaines de percepteurs, un millier de juges-de-paix qui ne se sont pas battus, et ces quatre-vingts préfets, et ces trois cents sous-préfets dont l'épée fut toujours innocente de leurs opinions.

On nous objectera sans doute que ce que nous conseillons est tout uniment la pierre philosophale, soit; mais il est des alchimistes qui la cherchent encore !

CHAPITRE XII.

LE PROCÈS DES MINISTRES.

CHAPITRE XII.

Le Procès des Ministres.

> Faire sa charge exactement, s'attendre
> chaque jour à être culbuté par la cabale,
> comme le médecin qui se prépare à être
> emporté par la peste contre laquelle il va
> secourir les malades : tel doit être le plan
> de tout homme d'état.
>
> Entretiens de Périclès.

(Dans un appartement sur la cour, rue de Tournon,
deux femmes mises négligemment sont appuyées sur
une table, près de la porte et loin des fenêtres; les
persiennes sont fermées, les rideaux tirés. Les deux

dames semblent écouter avec inquiétude ; le moindre bruit augmente leur terreur.)

LA PREMIÈRE DAME.

Point de message ! je ne savais pas tout ce qu'il y a de cruel dans l'attente..... même celle d'une condamnation !

LA SECONDE DAME.

Nous ne les verrons plus ; s'ils échappent à leurs juges, la fureur du peuple les atteindra... Ah ! Princesse, entendez-vous ces cris ? ils approchent.... ils redoublent.... ce sont des accents de rage ; et pour nous, c'est la mort... Pourquoi me retenir ? qu'on me laisse.... Je veux aller à la Chambre des Pairs ; je veux leur dire : « Qu'ont-« ils fait ? ils ont obéi au roi, et vous trembliez « tous devant ses moindres volontés ! Le sang « français a coulé, hélas ! j'en frémis ! mais est-« ce donc l'étancher que d'en répandre encore ? « Vous avez frappé de déchéance, d'exil, de « proscription un monarque et sa famille en-« tière ; que vous faut-il de plus ? quand on « brise le bras qui agissait, qu'importe l'arme « inutile dont il s'est servi ? »

LA PREMIÈRE DAME.

Ma chère amie, je ne vous dirai pas de calmer, mais seulement de modérer, s'il est possible, votre douleur. Voulez-vous que nous donnions à nos ennemis le spectacle de notre désespoir et le notre abattement ? Ah ! si j'avais cru que cela levînt utile au prince et à ses malheureux amis, moi aussi je me serais rendue au Luxembourg ; j'avais préparé quelques mots ; je les crois dé- cisifs : « Nobles Pairs, me serais-je écriée, le prince de Polignac est accoutumé à donner sa vie à son roi, il vous offre une tête échappée plusieurs fois à l'échafaud ; prenez-la, elle est responsable des funestes événements de juillet ; mais replacez au même instant la couronne sur les cheveux blancs de Charles X : les ministres sont coupables s'il est inviolable, ils sont in- nocents si le roi est condamné. »

LA SECONDE DAME.

Ah ! Madame, pourquoi n'avez-vous pas suivi ce noble mouvement ? vous nous eussiez peut-être préservés de la plus irréparable in- fortune !

LA PREMIÈRE DAME.

Le prince me l'a défendu.

LA SECONDE DAME.

M. de Chantelauze m'a demandé aussi la pro
messe de ne pas paraître au palais du Luxer
bourg.

(On frappe légèrement à la porte de l'appartemen
les dames se lèvent avec précipitation , elles ouvrent.

UN FILS DE PAIR.

Je vous apporte un mot du frère de M. Gue
non de Ranville.

LA PREMIÈRE DAME.

Ah ! donnez vite (*elle lit*) : « Les plaidoiri
« sont commencées; nos amis se sont retranch
« dans l'article 14; ils ont déclaré qu'ils avaie
« pu se tromper, mais que leur dessein arrê
« et positif avait toujours été de suivre la lig
« constitutionnelle.... On espère. »

Oui, espérons; espérons tout de la justice
de la miséricorde de Dieu ; il éclairera les esprit
il attendrira les cœurs. Une monarchie attaqué

uvertement et depuis tant d'années ! comment
le pas la défendre ? mais que de fois le prince et
moi, renfermés le soir avec nos enfants, à ce fatal
hôtel des Affaires-Étrangères, n'avons-nous pas
déploré le jour si terrible pour nous où l'obéis-
ance avait forcé M. de Polignac à se jeter dans
es péril du ministère! nous, sans autre ambition
que de plaire au Roi, de le servir avec fidélité,
nous qui avions reçu en honneurs, en titres, en
fortune, tout ce que le dévoûment le plus tendre, mais aussi le mieux récompensé peut obtenir ; et le bonheur a fini pour nous avec le
poste envié imposé au prince par les ordres invariables du Roi !

LA SECONDE DAME.

Pour parvenir jusqu'à nous, il vous a fallu
traverser les groupes et la foule, entendre les
menaces, les provocations : que disent-ils? que
doit-on craindre ?

LE FILS DE PAIR.

La garde nationale est nombreuse et bien armée ; quoique calomniés et haïs sans examen, les
accusés seront protégés, défendus.

LA PREMIÈRE DAME.

Ah! parlez-nous d'eux tous! comment sont
ils? leurs forces répondent-elles à leur courage
Quelle épreuve! quels événements!

LE FILS DE PAIR,

Le prince a parlé avec dignité; Peyronnet
noblesse et chaleur; MM. de Guernon et Chan
telauze, franchise et résignation. J'ai entendu le
avocats : M. de Martignac a confirmé sa répu
tation d'habileté et d'éloquence; M. Sauzet
révélé le plus beau talent dont le barreau
dont la France puisse désormais s'enorgueillir
M. Hennequin a prêté à la cause l'appui de s
logique entraînante, et M. Crémieux l'a servi
non seulement par son talent, mais de plus, pa
une disposition nerveuse qui a donné de l'exal
tation à ses paroles; les pairs, les spectateurs on
été émus.

(Les cris deviennent plus forts, on les entend dis
tinctement dans l'intérieur de l'appartement.)

LA SECONDE DAME, *avec égarement.*

Entendez-vous? c'est toujours la mort qu'il
demandent !

(Un Capitaine de canonniers de la garde nationale est ntroduit ; il est pâle, les habits en désordre.)

LE CAPITAINE.

Ah ! Mesdames, éloignez-vous, partez ; je tremble que votre retraite ne se découvre.... le danger est pressant ; nous ne retenons qu'à peine une foule innombrable ; j'ai cru ne pouvoir parvenir jusqu'à cette chambre. Cinquante hommes sous mes ordres vous attendent à la petite porte qui ouvre sur la rue de Condé ; il y a peu de monde dans ce lieu ; couvertes de voiles, placées dans un fiacre, accompagnées de quelques-uns d'entre nous, vous échapperez aux recherches.

LA SECONDE DAME.

Échapper.... non, je reste ; je veux voir ce peuple, je veux qu'il m'écoute. Aucun d'eux ne se souvient donc qu'il a une mère ; ils n'ont donc pas d'enfants ; voudraient-ils porter le désespoir dans nos familles persécutées ?.... O Dieu ! quel bruit ! quelles vociférations ! ma tête s'égare ! je veux sortir (*elle approche des fenêtres*). Ah ! les horribles figures !.... et ces bras nus armés de faulx, de fer, de lances, de poignards, de

couteaux... la foule augmente à chaque pas. Non
la garde nationale ne sera pas la plus forte ! le
barrières sont rompues.... j'ai entendu des gé
missements..... barbares que vous êtes!.... vou
les avez tués.... ah ! sans doute, une affreus
joie sillonne vos traits endurcis. N'enfoncez poin
cette porte.... c'est inutile : je vais descendre; m
voilà ! Égorgez-moi, prenez aussi ma vie; vou
m'avez privée d'un époux; voilà mes enfants
tuez-les : nous voulons rejoindre leur père; pre
nez-les, prenez tout.... Ah! j'oubliais.... j'ai d
l'or, c'était pour eux; je vous le jette, mai
tuez-nous vite; je ne vous demande rien, rien qu
la mort ! (*Elle tombe évanouie.*)

LA PREMIÈRE DAME.

Nous ne sortirons pas de cet appartement
nos jours sont entre les mains de Dieu; il peu
seul encore conserver ceux des malheureu
accusés ! Monsieur, je vous remercie de vo
soins; retournez à votre poste; dites à vos chefs,
dites à vos compatriotes qu'il y va de leur existence, de celle de l'ordre social. Si le prince es
massacré, le peuple ne s'en tiendra pas à quelques victimes; le sang enivre, on en veut boire

oujours : la première révolution l'a prouvé !

LE CAPITAINE ET LE FILS DE PAIR.

Courons les défendre, s'il en est temps encore !   (*Ils sortent.*)

(On frappe de nouveau. M. Guernon de Ranville, frère
e l'ex-ministre, se précipite dans l'appartement.)

M. DE RANVILLE.

Le jugement est rendu : prison perpétuelle,
nort civile, frais du procès à la charge des
ondamnés !

LA PRINCESSE DE POLIGNAC.

Ils ont la vie ! Eh, bien ! volontairement pri-
onnières, nous adoucirons leurs ennuis, nous
onsolerons leur douleur, et plus tard peut-
tre..... Ah ! la postérité du moins réhabilitera
eur mémoire ! C'est un vœu d'épouse et de
nère que j'ose former, personne ne peut s'en
ffenser.

M. DE RANVILLE
s'approchant de Madame de Chantelauze.

Portons tous nos soins à cette malheureuse
ictime d'un amour si pur et si digne de véné-
ation.

(On s'empresse autour de la dame évanouie, on lui fait respirer des sels, elle revient à elle; mais le tumulte en dehors reprend une grande activité; le bruit est effrayant. La porte s'ouvre de nouveau, quelqu'un s'élance dans l'appartement; les deux dames se jètent à genoux; les sanglots les empêchent de parler.)

LE FILS DE PAIR.

Plus de larmes!.... des actions de grace !... Eh non! non, Mesdames, il ne faut plus pleurer : ils sont en sûreté!.... Le danger paraissait imminent; quelques secondes de plus, la garde nationale, malgré son zèle et sa fermeté, allait peut-être succomber. Une calêche était préparée, ils y sont montés, un détachement peu nombreux a accompagné la voiture; le jeune ministre de l'intérieur est à cheval à l'une des portières; le général Dauménil n'a pas quitté ses prisonniers; c'est la seconde fois qu'ils lui doivent la vie. On a pris par les boulevarts; la voiture est sur la route de Vincennes. L'enlévement a été si prompt, si heureusement exécuté, que personne n'a eu le temps d'en concevoir le soupçon.

LES DEUX DAMES, *restées à genoux.*

O mon Dieu ! vous nous aimez encore, vous les avez sauvés !

(Les dames sortent par la rue de Condé. Les rassemblements sont à peu près dissipés ; il n'y a plus que des groupes épars ; on s'informe des détails du procès ; on s'entretient de la contenance qu'ont eue les accusés, etc. Dans un groupe on dit :)

ORATEUR D'UN GROUPE.

Ils ont montré du courage.... Nous avions plus de peur pour eux qu'ils ne paraissaient en ressentir eux-mêmes.

ORATEUR D'UN AUTRE GROUPE TRÈS NOMBREUX.

Les défenseurs ont dépassé toute attente : Martignac, dans son discours chevaleresque, a paru atteindre le sublime de position : personne n'a oublié que c'est son ennemi politique qu'il a défendu avec une si noble chaleur... Pour Sauzet, laissons là les comparaisons banales ; ce n'est pas Démosthène, pas davantage Cicéron : c'est une ame toute française dont l'éloquence

s'anime pour épargner un crime à des Français
en commandant l'intérêt en faveur d'homme
assez malheureux pour être poursuivis par l
colère du peuple. Ce sont des expressions si na
turelles qu'on ne peut les croire choisies ; c'es
une admirable réunion de la beauté du geste
l'harmonie de la voix ; c'est l'élévation de l
pensée, la profondeur de discussion ; c'est de l
grace et de la force. C'est qu'après une horribl
tourmente des esprits et vingt - quatre heure
d'angoisse générale, on se retire chez soi raffraî
chi, reposé, en prononçant deux noms : SAUZET
MARTIGNAC.

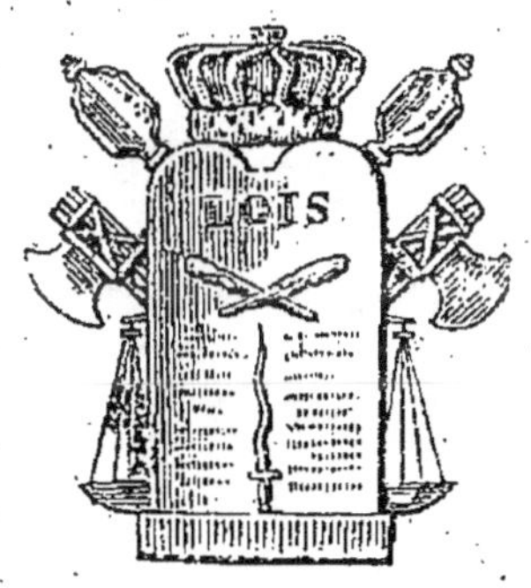

CHAPITRE XIII.

LE MAL DE CŒUR DE M. DE MONTALIVET.

*

CHAPITRE XIII.

Le
Mal de cœur de M. de Montalivet.

Il est des nœuds secrets, il est des sympathies.
CORNEILLE. — *Rodogune.*

M. Manuel n'avait parlé que de répugnance
pour les Bourbons, l'ancien jeune ministre de
l'intérieur a fait une découverte plus curieuse :
ayant pris le mal de mer le jour où Louis XVIII
avait débarqué à Calais, ou, comme les tem-
péraments bilieux, s'étant mis à voir jaune, M. de

Montalivet a cru que tous les Français étaie[nt]
malades de cœur et d'esprit, parce qu'il sou[f]
frait de l'un et ne paraissait pas très sain [de]
l'autre; et comme il n'est pas de sottise qui n'a[it]
son écho, de bien honnêtes gens, d'ailleurs,
sont mis à répéter les derniers mots de MM. M[a]
nuel et Montalivet; puis, à force de le redir[e]
ils ont fini par croire qu'ils avaient pensé eu[x]
mêmes qu'en effet, la branche aînée des Bou[r]
bons n'avait pas été rendue à la France po[ur]
obéir à l'universalité des suffrages. *Ils ont é[té]*
ramenés par l'étranger, affirmèrent de ma[u]
vais plaisants; *ils ont été ramenés par l'étra[n]*
ger, s'écrièrent de bonnes gens bien crédule[s]
Mais rien n'est entêté comme un fait; et le f[ait]
qui domine le passé, c'est que la branche aîn[ée]
des Bourbons a été rappelée par l'intérêt d[es]
peuples. Nous choisirons une preuve entre mill[e]
en publiant quelques lettres écrites en 1814 [et]
1815; elles n'étaient pas destinées à sortir [de]
notre porte feuille : l'amitié les écrivait po[ur]
l'amitié; mais elles sont empreintes de sincéri[té]
et de franchise : nous en appelons à tout Fra[n]
çais qui, sans préjugé et sans passion de parti
voudra se reporter aux jours que nous retraço[ns]

sa mémoire. Il n'y a pas un mot dans ces
ttres, pas un sentiment qui ne palpite de vé-
té, et nous saisissons cette occasion pour re-
ousser encore cette fois, et formellement, une
nputation odieuse dont on a voulu calomnier
 France, en supposant qu'elle avait accepté
n rôle dans la longue comédie, la comédie de
uinze années, jouée seulement par quelques
aîtres et quelques niais de mélodrame politique,
auvais acteurs, qui tôt ou tard seront sifflés à
utrance et renversés de leurs trétaux par le pu-
lic payant qui regarde, écoute et juge.

LE ROYALISME.

LETTRES DE GABRIEL A ONÉSYME.

PREMIÈRE LETTRE.

Paris, avril 1814.

Quel jour! quel bonheur inattendu! quel mi-
cle de la Providence ! Écoute, cher Onésyme,
n récit exact de ce qui s'est passé. Les histo-
ens et les poètes, les peintres et les statuaires

transmettront à la postérité les événements q
se pressent pour assurer les destinées de l'E
rope ; et, plaçant la modération sur le trôn
changent en acclamations de joie les alarmes d
peuples. Moi, je te dirai naïvement, avec sir
plicité ce que j'ai vu, ce que j'ai entendu,
que j'ai ressenti. Montaigne, en se dépeigna
avec fidélité, racontait toute l'histoire du cœ
humain : en t'exprimant mes transports, m
ivresse, ma haine ou mon admiration, je t'a
rai fait connaître, j'en suis certain, les sen
ments de toute la France !

Hier les armées russes et prussiennes étaie
à Saint-Denis ; les plaines qui forment une cei
ture autour de Paris se trouvaient inondées de s
dats, hérissées de canons; nos troupes défendaie
nos barrières, nos rues restaient désertes; d'heu
en heure elles étaient traversées par des cha
rettes de blessés; l'airain tonnait, le cri des mo
rants parvenait jusqu'à nous ; déja quelqu
bombes ennemies étaient tombées sur nos éc
fices ; nous étions sous les armes, mais nul cor
mandement ne nous était donné. Les alliés a
prochaient ; un courage inutile semblait irrit
les vainqueurs. On ne proposait point de ca

tulation : on doutait d'ailleurs qu'il en fût accepté
aucune ; on se regardait avec anxiété ; les plus
sages s'écriaient : Demain peut-être Paris n'exis-
tera plus ! Tout-à-coup le bruit du canon cesse,
la nuit avait séparé les combattants. On apprend
que des plénipotentiaires français sont admis
auprès des souverains de Russie et de Prusse ;
les hostilités sont suspendues , on se livre à
quelque repos. Le matin rien n'était décidé : on
croyait seulement que les alliés entreraient in-
cessamment, et sans condition , par la porte Saint-
Denis. Une confiance imprévue, surnaturelle
s'empare des esprits , les boulevarts sont sur-
chargés de curieux , des femmes élégamment
parées garnissent les fenêtres , les terrasses , les
balcons. J'étais sorti moi-même et je suivais la
foule ; près de la Chaussée-d'Antin , le galop de
plusieurs chevaux se fait entendre ; je vois un
groupe de cavaliers ; un brassard blanc , une
ceinture de la même couleur les rendaient re-
marquables ; ils agitaient de loin leurs chapeaux
ornés de la cocarde blanche. Je crois un instant
que mes yeux me trompent et que je suis obsédé
d'une vision. On passe devant moi , on s'arrête ,
et j'entends distinctement le cri de *Vive le Roi !*

Ainsi que tant de Français jeunes encore lorsque commença la révolution, mes vœux mes souvenirs, mes espérances s'étaient tourné souvent vers les Bourbons; mais je n'étais pa préparé au bonheur, à la possibilité de leur re tour. Ce cri de *vive le roi !* n'avait guère retent autour de moi; c'était dans le secret de nos fa milles, dans les épanchements de l'amitié, qu nous avions souvent parlé de notre amour pou le sang de nos monarques : je me crus rejet dans l'innocente joie, dans les délicieuses illu sions de mon enfance. Des larmes bien douce roulaient dans mes yeux, je répétai avec enthou siasme : *Vive le Roi !* Je fus imité par mes voi sins, ce cri devint général, il se prolongea d toute part. On se mit à suivre à pied les roya listes aventureux qui ralentirent à dessein les pa de leurs chevaux; notre nombre augmentait à chaque instant, on se portait en foule sur la place Louis XV. Là, parvenus en face du château des Tuileries, on s'arrêta. De mouvement spontané, le duc de Fitz-James découvrit sa tête, s'inclina profondément, et, d'une voix forte quoique émue, il s'écria : « Messieurs, voici la pierre sur la- « quelle a péri le roi martyr ! saluons ses mânes

« royales, et répandons publiquement et pour
« les coupables, les larmes du repentir. » Nous
léchîmes le genou, et ces regrets et cet hommage partis du cœur furent le premier monument expiatoire élevé à la mémoire de Louis XVI.

Peu après, une calèche arriva; une femme
admirable dont le nom se lie à toutes les idées
de dévoûment et de fidélité, madame de Tour-
zelle, occupait le fond de la voiture; elle distribuait des rubans blancs. La provision, quoique considérable, fut bientôt épuisée; elle coupa
une partie de sa robe et la mousseline qui lui
servait de coiffure. On s'en disputait les frag-
ments; puis, on courut chez les marchands
dont les boutiques n'étaient pas toutes fermées,
en refluant sur les boulevarts. La population
était parée du signe de la royauté; les fenêtres
des maisons se montraient pavoisées, les femmes
y tenaient un mouchoir blanc à la main. Les souverains parurent; ils eurent à traverser Paris
sous la bannière des lis. Par un rapprochement
d'un favorable augure, l'empereur Alexandre
montait un cheval blanc, et portait un uniforme blanc; il aspirait sans doute à une gloire
pure et sans tache : aussi ne nous impose-t-il

aucune forme de gouvernement. Nous allon[s]
choisir le nôtre, et l'empereur de Russie et l[e]
roi de Prusse seront les premiers à le reconaître[.]
C'est à ce grand acte diplomatique que se born[e]
leur ambition et que s'arrête le droit de co[n]
quête ; nous nous replaçons librement sous l[e]
sceptre des Bourbons. Dans la nuit, l'abdicatio[n]
de Bonaparte, datée de Fontainebleau, vient d[e]
lier l'armée française de ses serments, tous le[s]
cœurs sont réunis, tous battent à la fois pou[r]
les fils de saint Louis, pour les héritiers d[e]
François 1er, pour les descendants de Clovis.

Adieu, cher Onésyme, je t'écrirai souvent.

P. S. J'ajoute quelques mots. On avait an[-]
noncé *le Triomphe de Trajan* à l'Opéra[.]
Alexandre n'a pas voulu accepter cette flatteri[e]
peu convenable. En effet, on a joué *par ordre*
la *Vestale*. Lorsque les souverains sont entré[s]
dans la loge qu'on avait préparée pour eux, le[s]
cris de *Vive le Roi ! Vivent les Bourbons !* on[t]
éclaté avec une expression si avide, si exaltée[,]
que les étrangers, témoins de l'unanimité et d[e]
l'énergie de nos vœux, disaient hautement : *I[l]*
est doux de régner sur un peuple aussi aimant[

DEUXIÈME LETTRE.

Paris, avril et mai 1814.

Mon ami, on ne meurt pas de plaisir, puisque je vis encore. Nous avons nos princes ; Paris, affamé de voir son roi, en croit à peine et son cœur et ses yeux. Cependant Louis arrive, le voilà ! Il entre à Notre-Dame, les cloches frappent les airs, le canon de l'allégresse résonne autour de nous ; mais ce bruit de triomphe et de prospérité renaissante, il est couvert par les acclamations de tout un peuple. Graces soient rendues au Dieu des armées, qui daigne redevenir pour nous un Dieu de paix ! Je voudrais mettre quelque ordre dans ma narration, le pourrai-je ? Je vais remonter le cours de tant de joie, et te parler d'abord de l'entrée du lieutenant-général du royaume, de Son Altesse Royale le comte d'Artois, MONSIEUR, précurseur du bonheur de la France.

Les préparatifs étaient faits à la hâte pour le recevoir ; une garde d'honneur à cheval, prise dans la garde nationale de Paris, vole à sa ren-

contre, une population immense couvre les ave
nues par où Monsieur doit passer. Une voiture
découverte est aperçue de loin ; ce doit être
Monsieur : la grace, l'élégance, la bonté dé
cèlent un Bourbon. Nos pères cherchent à
reconnaître le comte d'Artois qu'ils ont vu
brillant de jeunesse et de majesté. « Ah ! c'est
toujours lui ! les entendons-nous s'écrier. » A no
tre tour, un tendre empressement, une respec
tueuse curiosité nous animent, et nous disons
« Oui, ce doit être lui ! » Il fait son entrée sur un
coursier qui semble fier de porter un tel maître
Vive le Roi ! Vive le comte d'Artois ! Vivent les
Bourbons ! Le prince est attendri ; souvent il
porte la main à son cœur ; un sourire aimable
embellit encore ses traits augustes. « Assez ! assez
« mes amis, dit-il avec une émotion profonde
« que ferez-vous donc quand viendra le Roi? »
Mots charmants de modestie et de sensibilité.

Les grilles du château des Tuileries s'ouvren
enfin pour un prince français ; le modèle des
preux, la fleur de la chevalerie semble revoir
avec délices le pays natal ; tout lui est offert
nos fortunes, nos bras ; notre vie. Le cœur des
Français est comme la postérité, il recueille

chaque expression du prince : «Rien n'est changé, a dit le comte d'Artois en traversant Paris : on n'y voit qu'un Français de plus ! » Le duc de Berry a rejoint son illustre père ; le duc d'Angoulême reste encore à Bordeaux : il faut bien que les provinces participent à l'enivrement de la capitale. Le Roi, MADAME, la fille de Louis XVI, sont débarqués à Calais ; cette ville renommée reçoit la plus douce récompense de l'ancien dévoûment de ses concitoyens, les Eustache, les Saint-Pierre immortalisés par l'histoire et chantés par du Belloy. Les bourgeois de Calais poussèrent jadis leur fidélité à un roi de France jusqu'à l'héroïsme ; un roi de France aujourd'hui termine un long exil en touchant sur leurs bords : Calais la première aura revu Louis le Désiré.

« Tout Paris est à Saint-Ouen, le Roi vient d'y descendre. La foule se porte à la barrière Saint-Denis ; les rues sont jonchées de feuillages, des drapeaux blancs garnissent toutes les fenêtres ; des jeunes gens sont montés jusque sur les toits ; des enfants se groupent au sommet des arbres des boulevarts ; là ils soutiennent des couronnes de lis ; des guirlandes enlacent les maisons ; la voiture du Roi va passer sous un ciel de

fleurs !......... Le voilà, mon ami, le voilà ! Oh !
nos cœurs n'étaient pas fatigués d'amour, nos
forces épuisées et nos voix affaiblies ; le comte
d'Artois n'avait pas tout pris. Six cent mille
Français pour cortége, les peuples enivrés ; le
Roi ayant Madame à sa gauche ; Madame !.....
dont les traits rappellent ceux de Marie-Antoinette et de Louis XVI ; Madame qui réunit la
grace et la dignité de l'une, et la bonté de tous
les deux ; la fille de tant de rois, l'héroïne de
tant de malheurs ; *Madame enfin !* Monsieur et
son auguste fils à la portière de cette voiture
qui renferme les destinées, le bonheur de la
France ; assis en face du Roi, le Bayart de nos
jours ; le prince de Condé ; à ses côtés, le dernier rejeton d'un sang si pur, si glorieux, heureux guerrier, et si malheureux père.......! tel
est le spectacle ravissant qui s'offre à tous les
regards. On se précipite sur les pas du souverain.
« Il nous rend nos fils », s'écrient les mères de famille. « Il termine nos guerres, » répètent tous les
citoyens. Le Roi paraît heureux du bonheur qu'il
rapporte ; il sourit avec bonté, il salue avec
émotion. On s'approche pour le contempler : c'est
le regard de Louis XV ; il y a du velours dans ces

yeux-là. Le Roi se fait conduire à Notre-Dame ; les voûtes du temple retentissent d'actions de graces. Le Roi et la famille royale prient avec ferveur pour la félicité du peuple ; et le peuple répond par la prière : *O Dieu, conservez-nous le Roi !*

Le cortége se remet en marche.... Louis entre aux Tuileries ; les jardins, les cours, les terrasses sont couverts de spectateurs ; ce sont les mêmes qui ont couru au devant des Bourbons à la barrière, qui se sont pressés autour de la voiture royale et sur le parvis de Notre-Dame. Les voici rassemblés près du palais des rois : les cieux semblent s'ouvrir ; on dirait que les illustres martyrs de la maison de France, Louis XVI et Antoinette Elisabeth et le duc d'Enghien, apparaissent environnés d'une lumineuse auréole, qu'ils viennent sur un nuage au devant de la royale famille, et la protégent en ce moment de leurs palmes immortelles ; et l'on a cru voir Henri IV bénissant aussi ses descendants.

Les cris de *Vive le Roi !* redoublent. Les fenêtres du palais sont ouvertes, on découvre ce qui se passe dans l'intérieur : des femmes jeunes et belles , vêtues de blanc et tenant des corbeilles de lis , sont introduites dans les appartements.... elles déposent des fleurs aux pieds du Monarque ! Ah ! les dames françaises avaient droit à une distinction si flatteuse ! Les premières elles devaient être accueillies par le Roi : courageuses et fidèles au temps de trouble et de deuil , n'ont-elles pas conservé le feu sacré , et ranimé toujours ses plus faibles étincelles ? Hommage à leur tendre dévoûment ! La Providence leur rend un guide , un modèle ; l'honneur et la vertu placent à leur tête l'orpheline du Temple, l'Antigone des jours nouveaux !

Ah ! qu'il était beau, qu'il était glorieux en ce moment d'être royaliste ! En te faisant ce simple récit , cher Onésyme , mon imagination vole auprès de nos princes ; elle ne peut s'en séparer !

P. *S*. Son Altesse sérénissime la duchesse d'Orléans est arrivée avec toute sa famille ; tant mieux ! il ne peut y avoir trop de Bourbons.

On nous promet bientôt *Monseigneur* ; déja il est adoré à Bordeaux. C'est un grand changement qui s'opère sur les bords de la Garonne :

on y vante l'affabilité du duc d'Angoulême ; on célèbre et l'on chante sa bravoure et sa bonté : adieu l'antique renommée ! Les braves Bordelais sont toujours français , mais ils ne sont plus gascons !

TROISIÈME LETTRE.

Caen , 24 mars 1815.

C'en est fait , cher Onésyme , l'abyme s'est rouvert sous nos pas ; la Providence n'était pas apaisée , ou bien nous n'avons pas su long-temps mériter ses bienfaits. Hier , le duc d'Aumont commandait au nom du Roi dans la capitale de la Normandie , aujourd'hui le gouvernement de fait est sorti de ses ruines. Bonaparte reparaît sur la scène politique , avec lui la guerre et les factions ; l'hydre des révolutions a recouvré ses cent têtes ; mais la gloire ne couvre plus ses excès. Nos guerriers , séduits par des souvenirs encore si récents , entraînés vers un chef qui jette un reste d'éclat , n'ont plus cependant l'attitude grande et fière qui leur mérita l'admiration de l'Europe leur triomphe d'un instant est entaché de félonie ! Que de sang, que de larmes, que de déchirements suivront cet éphémère succès !

Le Roi est à Gand. Madame s'est montrée à Bordeaux ce que sera toujours une digne fille de Marie-Thérèse. Elle quitte aussi notre malheureuse France ; mais Madame s'est retirée emportant un courage invaincu. Les plaisirs de la paix ont disparu. Dans les plaines fertiles de la Normandie, quelques régimen.s sont cantonnés ; on appelle des défenseurs, ils ne se présentent pas ; on cherche à ranimer un faux patriotisme ; les cœurs restent froids ; le découragement se peint sur la figure des hommes qui prêchent la légitimité de l'usurpation. Et s'il est vrai de dire :

Le silence du peuple est la leçon des rois,

Bonaparte devrait venir dans cette province, pour apprendre s'il règne à juste titre sur les Français.

Les princes ont tenté à Lyon de s'opposer à l'envahissement de la patrie : Monseigneur rassemble dans le Midi des sujets fidèles; Larochejacquelein reparaît dans la Vendée ; à Caen, une proclamation de Frotté couvre les murs. Plus

de jeux, plus de beaux-arts : la disette me-
nace, le fer est préparé, et la discorde sanglante aiguise ses poignards !

QUATRIÈME LETTRE.

Caen, 12 avril.

On emploie les moyens les plus honteux
pour exciter le peuple ; des conseils impies
et révolutionnaires sont répandus avec profusion; l'hymne des Marseillais est vociféré dans les
rues par de vieilles bacchantes enivrées d'eau-de-
vie et de tabac, et chanteuses de profession; mais
l'exaltation elle-même est glacée : on échauffe
quelques têtes, on échoue avec les cœurs. Une
scène presque bouffone a eu lieu au spectacle : des soldats pris de vin et quelques jeunes
exaltés barriolés de rubans tricolores, voulant
tenter une contre-épreuve de l'enthousiasme
que faisait éclater, il y a peu de semaines, la
population royaliste de Caen, se sont mis à
hurler : *Vive l'Empereur ! vive Joseph, vive
Lucien ! vive la patrie ! vive la guerre ! vive
l'enfer !* et je crois même *vive la mort !* Un

bon villageois , pur normand et placé au milieu de l'enceinte désignée par le nom de Paradis , se lève tout-à-coup , et regardant les loges et le parterre , il se met à crier : *Vive le Roi !* Les sabres sortent du fourreau , ils menacent et vont atteindre l'imprudent, qui , d'un ton simple et goguenard, répète encore son *Vive le Roi*, puis il ajoute précipitamment : *de Rome*, Messieurs ! Le rire gagne , et les sabreurs en sont pour leurs frais de colère et de ridicule.

CINQUIÈME LETTRE.

Avril, 1815.

On vient de me dire que dans une des églises de Caen , l'abbaye aux Hommes , ancien monastère , où l'on voit encore le tombeau de Guillaume le Conquérant , le peuple réuni, pour la prière du soir , manifeste son amour pour le Roi , avec autant de courage que de persévérance. J'irai à cette abbaye.

En effet , mon ami , on ne m'avait pas trompé. Je sors de l'église ; je n'y étais point parvenu sans danger. Les autorités locales averties , ont pris les plus sévères précautions. Les Bonapartistes remplissaient la nef, des gendarmes étaient placés dans le chœur; des canons couvraient la place extérieure ; un grand appareil militaire effrayait le voisinage. Le moment redouté arrive, le célébrant entonne, *par ordre*, le verset déja si bizarrement allongé *Domine* , *salvum fac imperatorem nostrum Napoleonem!* Le peuple reprend : *Domine ; salvum fac regem* ! La fureur des soldats est extrême ; mais elle resté inutile ; il n'a pas été commandé de faire feu. On reviendra demain.

Une proclamation a été publiée ; elle annonce que l'on tirera sur les mutins, si le scandale de la veille est répété. Les postes sont doublés , l'église est cernée par les régiments en garnison ; cependant les royalistes sont retournés à l'abbaye comme les jours précédents. Après le *Domine ; salvum fac imperatorem,* commencé d'une voix tremblante par le prêtre épouvanté , il règne un instant de silence , les bonapartistes vont l'emporter. Tout-à-coup des enfants éparpillés sous l'immense étendue de la voûte , d'une voix douce , mais ferme, entonnent le chant royal. On les cherche d'un côté, ils se taisent ; d'autres enfants à l'extrémité de la nef continuent le *Domine , salvum fac regem*. On est prêt de les atteindre ; le même chant part de l'orgue et des galeries élevées qui circulent autour de l'édifice sacré. Il semble qu'un chœur de séraphins répond du haut des cieux aux accents de la terre. On est ému, attendri, personne n'ose frapper l'enfance ; l'église est évacuée. Comme Héliodore battu de verges dans le temple des Hébreux, les partisans de l'usurpation se retirent confus.

SIXIÈME LETTRE.

Caen, mai 1815.

Le roi et nos princes le sauront un jour, et leur ame froissée en éprouvera quelque consolation : la France est restée fidèle, la France a gémi d'être séparée du père de famille. En veux-tu une nouvelle preuve ? Tous les matins, à cinq heures, une messe est publiquement célébrée à Caen, pour obtenir le retour des Bourbons et une seconde restauration du trône de saint Louis ; des neuvaines sont entreprises

avec ferveur ; un pélerinage se dirige vers
Notre-Dame-de-Délivrande , chapelle située au
sommet d'une montagne , au bord de la mer.
Là des *ex voto* sans nombre attestent l'auguste
protection accordée souvent par la mère de Dieu.
Son hermitage a vu des miracles, toute la contrée
y a dévotion : le matelot échappé du naufrage,
l'homme voué aux infirmités publient que c'est
à Notre-Dame-de-Délivrande qu'ils ont dû la fin
de leurs maux ; l'espérance y ramène , la foi
vient y triompher. Le printemps, que les gens du
pays appellent le *renouveau*, ajoute son charme
à la position pittoresque du saint lieu. Des
chemins tortueux partagent la montagne ; des
arbres offrent leur jeune ombrage aux pélerins;
des bancs de gazon invitent au repos ; la fleur
des champs naît sans culture , mais avec profusion ; le thym parfume l'air ; le réséda sauvage , le romarin odorant mêlent leurs suaves
odeurs ; la blanche aubépine se couvre de boutons ; la modeste violette se cache plus soi-
gneusement que jamais , honteuse d'être devenue , sans le vouloir , le symbole de l'orgueil
et de la rebellion. On entend tout près de là
le bruit de la mer agitée ; ses flots viennent

se briser au pied du rocher , et le tranquille ermitage offre doublement à l'imagination le port du salut. De loin on aperçoit les barques des pêcheurs soulevées par les vagues , et les voiles des vaisseaux qui s'enflent et disparaissent; et , tandis qu'un père , un époux s'aventurent sur l'élément perfide , pour chercher une fortune imaginaire , la jeune fille et la femme délaissée montent péniblement à la chapelle ; leur offrande est déposée sur l'autel champêtre ; elles demandent au Ciel le bonheur du retour. C'est aussi le but du pélerinage commencé; on vient en foule prier Notre-Dame, pour en obtenir le retour de nos rois. Les processions sont interdites , une ruse pieuse vient au secours des chrétiens. La marche s'ouvre par un prêtre vénérable qui s'avance seul , ayant à la main une petite croix d'un simple bois ; il tient également son bréviaire ouvert , il récite à demi-voix l'*Exaudiat* et les prières pour la paix ; idée à la fois ingénieuse et vraie : la paix , c'est les Bourbons ! Un simple clerc l'accompagne. Deux à deux , ou groupés tout au plus au nombre de quatre , les fidèles suivent de loin le prêtre en ce moment bannière visible où

l'on doit se rallier ; les cœurs prient et s'unissent ; des femmes vêtues de blanc couvrent
bientôt, et d'espace en espace , tout le coteau ;
les hommes recueillis s'acheminent par un
autre chemin. Quelquefois on perd de vue le
respectable pasteur, un massif d'arbres le dé-
robe aux regards ; on le cherche , on s'inquiète,
lorsque sa figure vénérable reparaît à quelque
distance, après qu'il a franchi un roc plus élevé.

Des hommes d'armes se montrent bien çà et
là parmi les sentiers découverts ; on passe près
d'eux sans leur parler ; ils constatent que la loi
est peut-être éludée , mais non transgressée ;
ils se trouvent les témoins forcés , et inutiles ,
d'une manifestation unanime , présage de la
destinée de leur éphémère empire. Le prêtre
est entré dans la chapelle ; on suspend la
marche. Chaque groupe pieux semble disposé
en échelon sur la montagne ; les robes des
jeunes filles sont légèrement agitées par la brise
du matin ; aperçues de loin , on croit voir un
long ruban blanc qui descend de l'ermitage ,
fait le tour des rochers , enlace les différents
sites , et vient , comme l'arc-en-ciel , se perdre
dans la profondeur des mers. Bientôt la cloche

de la chapelle de la Délivrande se fait entendre, c'est le signal convenu. Dans ce moment ; le prêtre prosterné devant l'autel implore plus particulièrement l'intercession de la Vierge et la clémence du Très-Haut ; les pélerins s'agenouillent, tous les cœurs, tous les vœux rappellent Louis et nos princes. Rendez Madame pour modèle à nos filles, pensent les mères attendries ; à nos femmes, disent les époux. Rendez-nous les Bourbons, répètent tous les assistants ! Dans cet instant, le soleil se lève majestueusement ; en s'avançant sur l'horizon, il dissipe les nuages, il répand sur la terre une chaleur féconde ; on en conçoit un heureux augure : messager d'en haut, il semble annoncer que nos prières sont parvenues au trône de l'éternel !

SEPTIÈME LETTRE.

Bayeux, juillet 1815.

Nunc dimittis servum tuum, Domine; telle est la fervente prière que je viens d'entendre réciter par le pieux et vénérable évêque de

Bayeux. Caen est encore à l'empereur ; Bayeux depuis quelques jours est au roi. Le duc d'Aumont, gouverneur de la Normandie est arrivé ; six mille drapeaux blancs flottent aux fenêtres de cette bonne ville d'où je t'écris. Des guirlandes de verdure jetées transversalement d'une fenêtre à l'autre, soutiennent des couronnes de roses blanches et de lis ; elles forment une voûte parfumée, et les rues de Bayeux sont devenues un labyrinthe de fleurs. Le sang des Normands est beau et pur ; mais Bayeux est pour la beauté ce que la Toscane est à l'Italie. Les jeunes filles parées de blanc sont encore embellies par un frais bouquet de jasmin ; elles dansent en chantant, et précèdent le cortége : c'est une des plus riantes fictions de l'antiquité mise en tableau.

Le parvis de la cathédrale se couvre de bons paysans de la Normandie. Le duc d'Aumont entre à l'église ; on lit une dépêche, elle apprend que le roi et la famille royale étaient aux Tuieries jeudi.

On demande à Mgr l'évêque de Bayeux la permission de crier *Vive le Roi* dans l'église, ce prélat répond : « *Vive le Roi*, c'est le *Domine*, *salvum fac regem* en français. » Aussi, le *Te Deum*, commencé, est suivi, au repos de chaque strophe, d'un *Vive le Roi* retentissant.

Ce soir Bayeux est illuminé ; les jolies Normandes chantent en chœur des airs royalistes, à la lueur de mille feux allumés jusque sur les montagnes voisines. Ces transports naïfs, cette joie du peuple, ne sont pas saisissables par l'expression ; elle leur manque, ils sont plus puissants qu'elle. Si Paris, et tout l'annonce, a montré la plus faible partie de l'enthousiasme du Calvados, jamais princes n'ont réuni plus de suffrages, et n'ont fait naître plus de reconnaissance et d'amour que les Bourbons !

Nous partons cette nuit pour Caen.

Caen.

P. S. Une capitulation signée entre le duc d'Aumont et le général Vedel, achève la soumission de la Normandie. En retournant à Caen que j'avais laissé hier sous les couleurs impériales, j'ai trouvé le drapeau blanc sur tous les édifices, la cocarde blanche sur tous les chapeaux. Ici l'aspect de la ville offre une piquante variété : tous les pavillons appartenant aux navires des différentes nations ont été apportés du port ; on a pavoisé les rues avec ces pavillons de vives et tranchantes couleurs que d'immenses drapeaux blancs couvrent et dominent.

Bonjour, cher Onésyme, le duc d'Aumont arrive : *Vive le Roi !*

Nous le répétons, ces lettres ont été écrites il y a seize années, et alors elles étaient en parfaite harmonie avec l'esprit public !

CHAPITRE XIV.

LES RÉCOMPENSES NATIONALES.

*

CHAPITRE XIV.

Les Récompenses nationales.

Je t'en avais comblé, je t'en veux accabler.

CORNEILLE. — *Cinna.*

Bonaparte, d'assez illustre mémoire, savait
récompenser ; aussi fut-il économe de faveurs ;
il ne créa qu'un ordre pour la France, et cette
combinaison fut à la fois si habilement conçue
et si adroitement exécutée qu'elle prit rang parmi les plus hautes conceptions de la politique.

Qui se souvient en effet de tant d'ordres de chevalerie institués par de puissants monarques? que sont devenus ces colliers d'or distribués par les enfants de Clovis, les éperons chaussés par Charlemagne et ses descendants, ces médaillons enrichis de pierreries que François Ier accordait? Louis XIV ne protége qu'à peine de son ombre héroïque la croix de Saint-Louis, noble but des vœux belliqueux de nos pères; et le Cordon-Bleu sous lequel battait le cœur royal de Henri IV reste suspendu sans honneur dans un coin retiré des palais modernes, à côté du manteau d'hermine de la pairie et de la couronne ducale d'anciens grands dignitaires du royaume. On ne recherche pas davantage aujourd'hui le cordon de Saint-Michel, dont pendant des siècles se parèrent nos rois, et que les souverains de l'Europe échangeaient avec empressement contre leurs insignes les plus renommés; et l'ordre de la Réunion, et celui de la Couronne-de-Fer sont tombés en même temps que Bonaparte; cependant il avait créé l'un comme roi de Hollande, l'autre comme souverain de la Lombardie, nations conquises autant par les séductions que par les armes de

Napoléon ; mais qui sont promptement retournées sous la domination d'autres événements et d'autres maîtres , tandis que l'étoile de la Légion-d'Honneur brille du même éclat que lorsqu'elle apparut au faîte des gloires de l'empire.. C'est que cette institution renferme un principe conservateur , l'*unité* ; c'est que dans une monarchie tempérée au point où s'est affaissée la nôtre , l'égalité veut au moins être ménagée ; que dès lors on ne doit pas en heurter légèrement les exigences ; c'est qu'enfin un ordre fondé pour tous , est le seul peut-être qui convienne au gouvernement de tous.

Nous avouerons donc avec franchise qu'à notre avis , le gouvernement s'est jeté volontairement dans d'inextricables embarras, en ouvrant un champ si large aux petites ambitions. On a commencé par les prodigalités financières ; on a fini par une espèce de gaspillage honorifique, et le gouvernement et les chambres, nous le croyons , avaient dans la Légion-d'Honneur les éléments des plus justes , des plus flatteuses récompenses.

Nous avons l'intention , dans cet ouvage , de constater des faits et de préparer ainsi des matériaux pour l'histoire ; et d'après ce plan, nous rapportons avec liberté, mais exactitude, ce qui s'est passé, sans dissimuler les causes et sans rejeter les objections.

Une révolution contre une dynastie a éclaté les 27, 28 et 29 juillet ; le peuple de Paris a conquis la souveraineté. Le gouvernement qu'il s'est choisi, a senti le besoin de décerner des récompenses aux vainqueurs ; il a demandé aux chambres des secours et des pensions pour les veuves, pour les orphelins et pour les blessés. Ici, et chacun le reconnaît, il y avait justice et urgence. On est loin d'avoir été aussi una-nime sur les nouvelles décorations instituées et sur les honneurs du Panthéon et sur le mode d'exécution des différentes lois ou ordonnances relatives à la munificence nationale.

Parlons d'abord des décorations votées aux vainqueurs de la grande semaine. Il y a eu une croix ou étoile, puis une médaille. Pourquoi deux classes? Il y aura donc le grand et le petit mérite ; et comment les distinguer, comment les satisfaire ? Dans une bataille rangée, les généraux, les chefs, qui connaissent officiers et

soldats , savent par quelles actions d'éclat on
s'est illustré. Celui-ci est monté le premier à
l'assaut d'une ville ; celui-là a pris un étendard
à l'ennemi ; tel autre a risqué sa vie pour conserver le sien : l'armée entière en est instruite.
On peut alors mesurer les honneurs aux périls,
et les catégories de la victoire n'offensent ni le
citoyen ni le guerrier. Ici , quelle différence !
Les habitants d'une grande capitale ont mis à
exécution l'axiome politique du plus illustre
des révolutionnaires , qui a dit et répété que
contre la tyrannie l'insurrection était le plus
saint des devoirs. On a déclaré Charles X tyran, ainsi qu'on l'avait proclamé de Louis XVI.
Des ouvriers imprimeurs ont commencé l'application du principe , en s'armant contre le
pouvoir ; les élèves de l'école de Droit, de Médecine , l'école Polytechnique se sont précipités
dans le mouvement ; il est devenu général : toutes
les classes y ont plus ou moins participé. Les soldats du monarque un moment absolu ont défendu
la vieille monarchie ; ils avaient des fusils , des
canons, des cartouches. Un combat opiniâtre s'engage dans les rues , les Parisiens arrachent leurs
pavés, déracinent les arbres de leurs boulevarts ,

brisent leurs meubles, les montent aux étages supérieurs des maisons ; et de là ils écrasent cavaliers et fantassins sous un amas de pierres, de commodes, de fauteuils, de vieux coffres ; c'est un arsenal domestique, dont, bien qu'imprévu, le succès était certain. La victoire demeure au nombre et à l'audace. Ce n'est point dans ce chapitre que nous devons placer le récit des journées de juillet ; des détails seraient d'autant plus inutiles, que nous les avons déja donnés : nous n'aurons à nous occuper que des suites de la victoire ; il s'agit des récompenses à décerner aux vainqueurs.

Où trouvera-t-on la liste des combattants? quel contrôle peut-on établir, qui pourra attester le nombre ? Tous ont-ils pris part aux dangers ? et à quel degré ? Nous nous rappelons, et qu'on nous pardonne d'avoir de la mémoire, un de nos hommes d'état, grand seigneur, et assez heureux pour qu'on lui attribue tout ce qui se dit en Europe de railleur, de fin, de piquant et de spirituel. Il était allé à Gand. « C'est singulier, disait-il, nous sommes partis *quatre cents*, et nous revenons *dix mille* !... »

Ne sera-ce pas relativement aux journées de
uillet le même résultat, le même ridicule ? Il
'est pas un portier de la rue Saint-Honoré qui
ie se soit proclamé vainqueur auprès de ses
mis, de ses connaissances ; et pourtant il te-
iait peut-être compagnie dans les caves de
'hôtel à ses locataires timorés. Eh bien ! qu'il
'obtienne ni croix., ni médaille, il criera à
'injustice ; et ses voisins, surtout s'ils se sont
iachés avec le même soin et la même prudence,
'eront chorus de plaintes. Si l'on cède aux cla-
neurs, la médaille de la gloire couvrira la poi-
rine d'un poltron !

Ceci est la moindre chose ; voyons ensuite :
l y a première et seconde classe de récom-
ienses. Comment une commission d'enquête
iortira-t-elle de la difficulté ? Le brave qui a
nonté à son quatrième un plus gros pavé que
ielui qu'a lancé du même étage son belliqueux
voisin, demandera que l'on fasse une distinc-
iion en sa faveur ; il faudra, pour être équi-
iable, estimer le plus ou le moins de poids de
a dalle tombée sur le Suisse et le gendarme; et
iroit-on qu'il y ait eu parité d'héroïsme entre
le propriétaire économe qui n'écrasait la garde

royale qu'avec des tabourets , une fontaine de grès ou de vieilles tables de sapin , et l'élégant dévoué qui jetait par toutes les fenêtres de son vaste appartement les meubles de Le Sage , les bronzes de Ravrio et les laques de la Porte-Chinoise ? Donnera-t-on une simple médaille au vainqueur qui a renversé un bataillon d'élite ; au prix du piano à queue que venait de fournir Érard ?

Ne plaisantons pas ; ceci est plus sérieux qu'on ne pense. Nous le répétons : de graves inconvénients résultent de la distribution des récompenses. Ce n'est pas notre faute, si le souvenir du voyage de Gand nous fournit encore un exemple. Il y avait par suite de la seconde invasion de Bonaparte , de grandes félonies à punir et de nombreux dévoûments à reconnaître. M. de Châteaubriand , ministre de Louis XVIII , proposa la création d'un ordre de la Fidélité ; les statuts furent publiés ; on désigna les services qui seraient comptés aux aspirants ; la forme de la décoration , la couleur du ruban , le mode de distribution , tout fut approuvé par le Roi. On renonça bientôt à ce projet de munificence sur la simple observation

[ue ce serait établir une distinction injurieuse
)our la pluralité des Français ; que l'on verrait
les fidèles et des plus fidèles , et que surtout
e serait placer sous les yeux des hommes égarés,
)u seulement trompés , ou même coupables ,
me preuve humiliante de faiblesse ou de tra-
iison. On préféra , et l'on fit bien , laisser le
lévoûment sans récompense , que d'alarmer la
élonie , ou d'affliger le repentir. Et, dans cette
irconstance des faveurs accordées aux vain-
jueurs de juillet , le frère sera décoré d'une
itoile ou d'une médaille qui rappellera sans
esse à son frère qu'ils ont combattu dans des
angs opposés ; que peut-être cette décoration
st le prix du sang d'un parent , d'un ami de
ollége ; et qui nous répondra qu'un fils dans
es jours de calamités civiles , ne sera pas récompensé pour avoir tiré sur son père , ou ce
père , hélas ! sur son propre fils ? ou serons-
nous enfin condamnés à entendre les nouvelles
imprécations d'une autre Camille contre un des
siens qui l'aura à jamais privée d'un amant ou
d'un époux ?

La croix de la Légion-d'Honneur était là tout
exprès , nous ne nous lassons pas de le répéter,

pour ôter l'amertume à la récompense , pour rendre celle-ci aussi flatteuse que durable. Quand Bonaparte revint de l'île d'Elbe , instruit par l'inutilité de la décoration du Lis , il se refusa à créer l'ordre de la Violette ; et la Légion d'Honneur suffit à l'immensité de sa reconnaissance. Cet ordre a constamment rempli le but de son institution , sans le dépasser.

Nous sommes du reste persuadé que le gouvernement n'est pas à se repentir de n'avoir pas envisagé sous le même point de vue que nous la mesure des récompenses nationales. Le refus de serment des nouveaux croisés , le superbe dédain des quasi-républicains pour une décoration que devait honorer le nom du Roi, l'insoumission à l'ordonnance qui règle et la couleur du ruban et la forme des croix et des médailles , ont dû contrarier vivement le ministère. Il en serait offensé , que nous ne le blâmerions pas ; mais nous ne voyons guère qu'il soit sorti triomphant d'une lutte si singulière et d'une difculté au dessus de toute prévision ! Sera-t-on plus heureux et plus adroit en ouvrant un Panthéon aux illustrations de l'époque ? c'est ce que nous nous proposons d'examiner.

Une ancienne tradition avait placé l'antique
utèce sous le patronage de sainte Geneviève,
ui, née bergère, ne se trouve pas coupable
l'une béatitude trop aristocratique. Ses paroles
vaient jadis dispersé les hordes d'Attila ; plus
ard, son invocation arrêta dans Paris les ra-
ages d'une contagion pestilentielle, et tou-
ours des milliers de familles ont cru lui devoir
a guérison d'une mère chérie, la conservation
l'un enfant bien aimé : la foi en sainte Gene-
iève long-temps universelle, était donc restée
opulaire. Nos rois, dans leurs pieuses sollici-
udes, élevèrent à la patrone de Paris un temple,
modèle de style et de goût, et dont le gran-
iose se dissimule sous l'élégance et la grace :
e parvis magnifique, ces colonnes, chefs-d'œu-
re du sculpteur, ces voûtes embellies par la
einture, et le marbre et le bronze ; et ce
ôme hardi qui semble replacer la croix dans
e ciel, d'où elle est descendue pour nous sauver
ous. Ces profusions des arts et du génie attes-
ent l'accomplissement d'un vœu solennel, non
n faveur d'une reine canonisée, non pour un
monarque sanctifié, tige sacrée des aînés des
ourbons : il n'est ici question ni de Clotilde,

ni de Louis IX , mais d'une jeune fille , simple
et vertueuse ; et que n'invoquèrent jamais sans
consolation la souffrance et le malheur , à qui
l'or et la pourpre ne furent point connus , et
que nos aïeux purent voir dans les champs fertiles de Nanterre, occupée du soin modeste de
conduire les troupeaux ; exemple de plus des
lois immuables du christianisme , dont les élus
ont été le plus souvent de pauvres ouvriers
comme saint Éloi , des mendiants comme saint
Alexis , et dont le divin Auteur a voulu naître
dans une famille d'artisans , se faire reconnaître
et adorer par des bergers , et suivre par de
misérables pêcheurs !

Un conquérant farouche , à la tête de ses
phalanges de barbares , est-il venu effacer le
nom modeste de Sainte-Geneviève sur la façade
de l'église qui lui fut consacrée ? les Goths et
les Vandales ont-ils encore à exercer des ven-
geances sur les monuments des habitants de
Paris ? non : c'est après une révolution populaire , que la sainte du peuple est privée de son
temple ! et ce temple lui-même , on ne daigne
pas lui conserver un nom français ! C'est une

langue morte qui apprend aux voyageurs la dernière demeure de nos mortes célébrités. Turenne ne fut point porté dans un Panthéon : on lui ouvrit le tombeau des trois races de nos rois ; il fut placé près de leur poussière, dans les caveaux de Saint-Denys. A son approche, les mânes de Condé tressaillirent de gloire, et l'ombre de Louis XIV le rejoignit avec fierté !

C'est frapper la douleur et la reconnaissance de stérilité que de les séparer de toute idée religieuse. Si nous visitons une tombe renommée, notre première pensée est de regarder le ciel, pour y découvrir la trace de ce que la terre a perdu. Cet instinct de la nature est plus marqué, et devient plus vif près du tombeau de ce qui fut aimé par nous. Les parents éplorés qui viendront lire sur l'airain le nom d'un père ou d'un fils mort, en croyant les défendre, chercheront vainement un autel pour y déposer l'offrande et les prières ; ils ne trouveront qu'un lieu désert, que les voûtes silencieuses d'une église veuve de son Dieu ! Qui donc alors s'en retournera consolé ?

L'Angleterre qu'on essaie d'imiter, a consacré une abbaye, celle de Westminster, à la sépulture de ses hommes illustres ; ils y sont tous admis , depuis Garrick jusqu'à George IV. Ainsi l'église anglicane demeure en possession des restes précieux des hautes notabilités de la Grande-Bretagne ; mais l'église gallicane est privée d'une pareille distinction : soustrait à la religion chrétienne , le Panthéon ne promet rien, ne renferme rien que de froids ossements; ses portes de bronze n'ouvrent pas sur l'avenir , et le Dante pourrait dire aussi de ce lieu désenchanté : *Lasciate ogni speranza.* Le peuple de juillet aura donné un meilleur , mais inutile exemple, en élevant en signe de piété et de regrets une simple croix de bois sur le tertre formé près des grilles du Louvre par les corps entassés de tant d'hommes valeureux qui venaient d'acheter de leur sang une victoire.

Et encore, quel bizarre rapprochement! *Panthéon, Odéon,* deux mots grecs jetés au milieu de la capitale de la France , et qui signifient dans leur singulière application : *cimetière, salle de comédie ;* ils sont voisins , ils se touchent. Au Panthéon l'on dira : Si nous pouvions pleurer ; à l'Odéon : Si nous pouvions rire. Les deux buts seront manqués. Mais enfin , en

dmettant le plus que suranné paganisme, di-
a-t-on au moins que le Panthéon remplit les
onditions de son existence ? ce serait une dé-
eption de plus. Lorsque le culte catholique
ut aboli en France, et que l'on persécuta,
roscrivit, égorgea les prêtres et les lévites
hrétiens, on donna aussi le nom de Panthéon
u fragile édifice de Soufflot. Ainsi, l'on se mit
choisir pour éterniser la mémoire des citoyens
es plus énergiques de la révolution, le seul
nonument d'alors qui menaçât ruine : était-ce
in pressentiment ?

En effet, le nouveau Capitole eut bientôt
égoût de Montmartre pour gémonies ; et l'hor-
ible Marat, idole de terreur et de sang, fut
efoulé par le même peuple auquel il avait dû
on triomphe, jusque dans la boue infecte dont
était sorti. Les honneurs du Panthéon ont
té ensuite alternativement accordés, refusés,
etirés par le caprice de l'inconséquence ; et
onaparte se garda bien de destiner à ce temple
ans divinité le relief et l'honneur de renfermer
amais les cendres impériales. Aujourd'hui nous
oyons se renouer les destinées du Panthéon.
a restauration du moins a rendu ses murs

plus solides. Elle n'en avait banni aucun tombeau ; d'autres renommées vont s'adjoindre à des illustrations qui s'effacent ; mériteront-elles, obtiendront-elles un plus long souvenir ! on en pourrait douter.

AUX GRANDS HOMMES

LA PATRIE RECONNAISSANTE.

Voilà une inscription bien fastueuse ! entrons. Le grand FOY, le grand MANUEL, le grand GIRARDIN, le grand BENJAMIN, le grand TALMA, le grand GRÉGOIRE, peut-être le grand DAVID ; plus tard et en expectative, le grand *Guizot*, le grand *Persil*, le grand *Petou*, le grand *Cousin*, le grand *Cunin*, le grand *Pataille* ; et ces milliers de grandeurs trois étoiles dont les noms révélés ne trahissent ni ne trahiront jamais l'incognito. Où donc s'arrêtera dans ce siècle la manie des grandeurs ? On nous avait annoncé un gouvernement presque pour rien et des capacités gigantesque ; n'est-il pas à craindre que tout cela se réduise à un gouvernement fort cher, et à des grands

1ommes à bon marché? On est tenté de le croire,
:n jugeant de ce qui viendra , par ce qui est
léja tout venu. On peut être orateur distingué,
1eureux chef de parti, homme de talent, homme
le courage , sans être définitivement un grand
1omme : nous devançons beaucoup trop légè-
ement les arrêts de la postérité. Un conseil va
lu moins être offert par nous aux modernes
lispensateurs de la gloire nationale. Nous vou-
ons nous expliquer à demi-mot, tant la matière
st délicate : que l'on cherche donc plus à nous
leviner qu'à nous comprendre.

Des tables d'airain seront placées au Panthéon,
lles rediront les héros morts dans la grande se-
1aine de juillet ; mais , dans le tumulte et le
lésordre inséparable d'une pareille révolution ,
[uelque glorieuse qu'elle soit devenue , les pri-
ons de la capitale ont été ouvertes , beaucoup
le prisonniers se sont battus avec intrépidité
.t dans la crainte d'être repris bientôt ; plu-
ieurs sont morts..... N'y aurait-il point parmi
es braves d'une singulière espèce , tels noms
[u'une mère rougirait indignée de voir accoler à
elui de ses fils, orgueil d'une honnête maison ?
Tous n'irons pas plus loin , persuadé que nous

sommes que l'on nous saura gré de l'avertisse-
ment et de la réticence !

Après des réflexions que nous aurions souhaité rendre moins chagrines, si ce n'eût été aux
dépens de la vérité, reportons notre espoir sur
des temps plus heureux. L'erreur des peuples
ne peut être d'une longue durée ; le jour viendra, et peut-être il n'est pas éloigné, où tout
Paris sollicitera avec ardeur et obtiendra sans
peine que la châsse de sainte Geneviève soit
replacée sur le piédestal resté debout pour
l'attendre. Déja la bergère de Nanterre implore
cette faveur du Très-Haut ; la Providence se
laissera toucher ; un nuage d'encens purifiera
le lieu saint profané par des assemblées tumul-
tueuses, par des propositions anarchiques ; la
fleur des champs s'épanouira de nouveau sur les
autels de la bienheureuse de nos campagnes ; les
cœurs seront saisis de respect et d'humilité ; la
Religion chrétienne, qui jamais n'exclut et qui
toujours conserve, n'ordonnera point à la poussière de retourner à la poussière ; la paix des
tombeaux ne sera pas troublée ; ils auront de
plus le souvenir et la prière. Mais le fronton

le l'édifice restitué n'attristera plus les regards par une inscription vaine et orgueilleuse ; et tandis qu'au dehors on s'empressera de la faire disparaître, une voix puissante répétera dans l'enceinte sacrée : Dieu seul est grand, mes frères !

Et le Ciel aura pardonné.

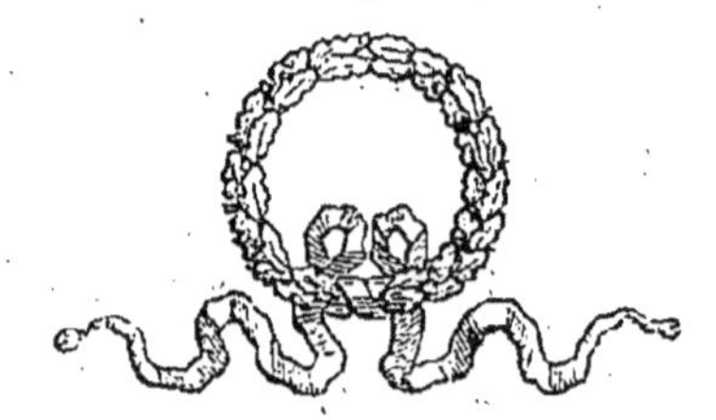

CHAPITRE XV.

—

L'ARMÉE D'ALGER.

❋

CHAPITRE XV.

L'armée d'Alger.

Tout beau! Que votre haine en son sang assouvie,
N'aille point à sa gloire, il suffit de sa vie.
CORNEILLE.

La France ne fut jamais oublieuse de hauts
aits : on tient compte à Louis XIV de la moins
astueuse, comme de la plus brillante de ses
onquêtes ; Louis XV et Fontenoy vivent en-
emble dans nos souvenirs, et la bataille de
avie, bien que perdue, immortalise encore

parmi nous le nom de François Ier; et l'Espagne secourue, et la Grèce sauvée, et les rivages d'Afrique arrachés aux forbans, n'occuperaient pas dans nos fastes guerriers la place que leur assigne la victoire ! Il n'en sera pas ainsi : de tels événements, de tels succès suffisent pour illustrer un pays, une armée, un règne. Louis XVIII et Charles X n'auront donc pas gouverné sans éclat, et parmi les chefs français, le duc d'Angoulême conservera toujours le rang que, sur les bords du Tage, il tint de sa valeur plus encore que de sa naissance. On peut déshériter d'un trône, mais de gloire... la perversité de l'homme ne saurait atteindre aussi haut : Dieu lui-même ne s'en est pas réservé le pouvoir. Ainsi nous sommes certains de réveiller les plus nobles sympathies, en consacrant quelques pages au triomphe de nos armes sur Alger.

Il y a près de deux siècles, le dey de cette contrée insulta le pavillon français ; l'Agamemnon de ce temps héroïque, le superbe Louis, n'était pas roi à souffrir un outrage. Le brave amiral Duquesne fut envoyé pour châtier l'insolence du pirate ; il prit le commandement de flottes

ictorieuses, et d'une première bordée il balaya
a plage africaine. A leur tour, les Bédouins
ouvrent le tillac du vaisseau amiral des mem-
res déchirés du consul de France : ils en avaient
hargé leurs canons. Aussitôt Duquesne fait
ombarder la ville ; l'artillerie française venge
es mânes des Français égorgés : le dey perd
es maisons, des rues entières ; on lui enlève
ne partie de ses richesses qu'il est obligé de
vrer comme rançon. L'orgueil oriental est hu-
ilié ; Louis XIV voit à ses pieds un ennemi
e plus implorant sa clémence. L'honneur de
a France, si bien représenté par Louis, est
atisfait, sans que l'intérêt public ait moins à
ouffrir : le dey continue de régner sur Alger,
es corsaires infestent les mers ; comme par le
assé, ils tourmentent notre commerce, et
esclavage des chrétiens n'est point aboli par la
ictoire.

Dans ses habitudes despotiques, un autre
ey, il y a quinze ans, ose s'attaquer à l'An-
leterre, elle à qui l'on persuade que

Le trident de Neptune est le sceptre du monde.

Lord Exmouth est mis à la tête d'une expédition contre Alger ; des batteries habilement dirigées , des bombes , des fusées à la congrève vont tirer vengeance de l'insulte faite au Léopard. Lord Exmouth approche , Alger est bientôt en cendres; et lorsque ses minarets fumants , ses murailles en ruine attestent la supériorité de la Grande-Bretagne, la flotte anglaise s'éloigne majestueusement , mais avec dédain. Le dey revenu de sa frayeur , demande combien l'Angleterre a pu sacrifier de livres sterling pour bombarder Alger ; on le lui apprend ; il se contente de répondre dans son insouciance mahométane : « Si lord Exmouth avait voulu me « donner seulement la moitié de ce que l'expé- « dition coûte à l'Angleterre, j'aurais moi-même « brûlé ma ville. »

De nos jours un dey, héritier de l'ignorance et de la présomption de ses prédécesseurs , violent par caractère , cupide par penchant , fait donner la chasse à nos bâtiments marchands , retient en esclavage les sujets des rois de la chrétienté. Une fois il frappe au visage notre consul ; Charles X le sait : sans entrer en explication avec la diplomatie européenne , fort de la justice de son indignation , blessé personnellement dans l'honneur français, qu'un forban insulte et méconnaît, le Roi conçoit, ordonne et fait exécuter des armements considérables; d'immenses travaux se poursuivent avec célérité. Il n'est plus question d'une querelle vaniteuse de souverains; un plan vaste, de hardis desseins .ont animé le cœur de Charles X; ses cheveux blancs ne cherchent pas à se couvrir d'un laurier inutile; on ne forcera pas le dey d'Alger à venir s'excuser d'un vain emportement dans les galeries de Saint-Cloud et des Tuileries; on ne se contentera pas d'un tribut apporté par l'Arabe et le Maure : Charles méditera la conquête de l'Afrique elle-même; le dey tombera pour ne plus se relever; il n'aura pas de successeur. C'est peu de ressentir une injure, il est plus grand de délivrer les nations d'un joug insupportable, puisqu'il est flétrissant; ce que n'ont pu ou n'ont pas voulu Louis XIV et George IV, Charles X l'entreprendra.

Quelques mois s'écoulent, et déja une armée est réunie dans la rade de Toulon; les magasins de guerre sont pourvus avec abondance, l'artillerie est formidable, les troupes du Roi sont animées d'un belliqueux esprit ; la jeunesse française se dispute l'honneur de faire partie de l'expédition ; des noms anciens cherchent à rajeunir une ancienne gloire ; des noms moins connus aspirent à dater de la campagne d'Afrique la noblesse de leurs descendants. L'or n'étincelle pas sur les casques, il ne cisèle pas les épées, il ne couvre pas les uniformes : là ne se montreront pas les profusions royales, elles se complairont plutôt dans une magnificence de soins, de précautions, de recherches, pour parer à tous les besoins de l'armée, pour étendre jusqu'au soldat le luxe de l'aisance.

A qui le commandement de cette belle armée ? Un fils de France réclame cette haute faveur ; il la sollicite d'un monarque et d'un père. Cependant le Dauphin est réservé à la rigueur d'un refus : de nobles et touchants motifs adoucissent les regrets du prince. Le Roi a dit au Dauphin que la guerre d'Afrique avait un but utile et dès lors invariable ; qu'il s'agissait pour le bien de l'humanité de renverser une puissance barbaresque qui ne peut exister si elle n'opprime. Dans l'intérêt des peuples le dey d'Alger était condamné d'avance. Il n'y a

plus de Pyrénées, avait pu s'écrier Louis XIV ;
il n'y aura plus de pirates, pourront répéter
bientôt les nations. Mais il a été arrêté d'avance
que l'on ne ferait grace au dey que de son or et
de la vie ; et après la victoire, un Bourbon ne
doit paraître sur le champ de bataille que pour
pardonner au vaincu. Le prince partit pour
Toulon ; il passa en revue et l'escadre et l'armée ; partout il reçut des hommages : les acclamations des peuples couvrirent les cent bouches
d'airain qui tonnaient à la fois pour saluer un
fils de France..... Après cet exemple, que les
princes de la terre se fient aux démonstrations
d'amour, aux transports d'allégresse dont leurs
voyages sont accompagnés et suivis.

L'obéissance attachait le Dauphin au rivage ;
du moins il put hâter l'embarquement, et sa
présence fut regardée comme un heureux présage. Sur la présentation du prince, le Roi avait
nommé M. de Bourmont, alors ministre de la
guerre, au poste envié de général en chef de
l'armée d'Afrique ; M. de Bourmont a justifié la
confiance du monarque et la prédilection de
l'héritier alors présomptif de la couronne. De
concert avec l'amiral Duperrey, le général ef-

fectua le débarquement de l'armée française sur le territoire d'Alger : le plan de campagne ne fut point contrarié par les événements ; il y eut dans les troupes de terre et de mer et constamment bravoure et discipline , précision et capacité. Les Arabes , malgré les ressources du nombre et de l'audace , furent battus et dispersés ; les Turcs tinrent encore moins que les Arabes devant l'impétuosité française. Alger tomba sous nos armes triomphantes , et le drapeau blanc flotta sur le palais du dey. Par une capitulation le dey perdit ses états , dont il fut pris possession au nom du roi de France ; on laissa le dey libre de se retirer où il souhaiterait.. Il s'embarqua pour l'Italie , emportant son trésor particulier, et se faisant suivre par un petit nombre de femmes et de serviteurs.

Pendant cette courte et brillante campagne d'Alger, M. de Bourmont sut conquérir l'admiration de l'ennemi, l'estime de tous les officiers de l'armée et l'affection du soldat. Il s'oublia lui-même: Tout à son roi, tout à la France, M. de Bourmont avait amené à Alger ses quatre fils : c'était se dévouer de la manière la plus touchante: Un des jeunes Bourmont est blessé mortellement ; le général en chef jette au milieu d'un rapport au Roi une seule phrase qui apprend son malheur de père et sa résignation de fidèle sujet, et ce peu de mots de M. de Bourmont paraissent d'une simplicité antique dont personne n'a repoussé l'émotion.

Les jours heureux de M. de Bourmont étaient finis. Alger au pouvoir des Français, comment ne pas reconnaître quelque mérite au vainqueur ? Mais à la veille d'une révolution qui allait engloutir une vieille monarchie, comment aussi tresser le laurier destiné à une auguste tête qu'on allait dépouiller de la couronne ? Le mot d'ordre était donné : Point de joie, point d'enthousiasme !... On fut trompé cependant : Paris et les provinces n'obéirent pas servilement ; on manifesta par des fêtes, des jeux, des toast, des acclamations, une satisfaction inattendue ; seulement on remarqua que les hommes de l'opposition refusèrent de paraître au banquet, et que tous se retiraient devant l'expression du bonheur public.

On entendait encore les chants de victoire ; les feux allumés dans nos villes et même dans nos campagnes en réjouissance de la prise d'Alger s'éteignaient à peine, que la révolution de juillet sépara la France de la branche aînée des Bourbons. Pour la première fois peut-être dans nos annales, les Français répudièrent une gloire française : au lieu d'éloges et de reconnaissance, les vainqueurs d'Alger furent récompensés d'outrages et de calomnies. On licencie, on destitue la plupart des officiers; les journaux de la capitale, les cris de la populace accusent le général en chef d'incurie, de dilapidation. Le plus obscur des vainqueurs de juillet est placé dans l'armée et obtient des pensions, des honneurs. M. de Bourmont qui vient de conquérir à la France une vaste principauté, est privé de ses titres, de ses grades, de son repos. On refuse à ses pas le sol de la patrie, et pour lui le char triomphal ne conduit qu'à l'exil.

Qu'est-il besoin du reste d'assurer une existence au général ? il regorge de l'or dérobé à la *Casauba*; entre le dey et M. de Bourmont, ce sont sequins qui n'ont fait que changer de maître; c'est *à corsaire, corsaire et demi.* (Nous citons avec exactitude.) Souffrira-t-on dans un siècle de stoïque vertu, à une époque de désintéressement fabuleux, que l'un des favoris des aînés des Bourbons aille passer une vie somptueuse au milieu des dépouilles africaines ? Non, le trésor national ne sera point impunément pillé par un ministre de Charles X. Des ordres, sévères jusqu'à la rigueur, sont transmis de Paris à Alger : M. de Bourmont sera chassé de la terre conquise; mais les douanes sont averties, il ne passera rien qui ne soit scrupuleusement examiné.

Un nouveau chef est donné à l'armée d'Alger, les pouvoirs de M. de Bourmont sont révoqués, il faut qu'il s'éloigne, qu'il fuie; un frêle esquif est à peine laissé à celui qu'apportèrent les nombreux navires de toute une escadre. Le général, avant de quitter la ville du Maure et des Bédouins, a eu l'ame attristée par un spectacle inattendu : le drapeau blanc, qu'au péril de la vie, ses mains victorieuses ont placé sur les hauteurs du fort de Bab-a-Zoun, a disparu dans la tempête; d'autres couleurs annoncent un changement dans le gouvernement de France.

Charles X perd un trône, M. de Bourmont ira-t-il penser à la perte d'un commandement ? calme, mais fier dans sa noble infortune, il s'avance vers le lieu de son embarquement, appuyé sur ses fils, dont l'un tient une petite caisse en bois de cèdre, fermée avec soin, et qu'il serre sur sa poitrine, comme s'il voulait éviter les recherches et jusqu'aux moindres regards. La visite des effets du général n'est pas longue : à peine un peu de linge et quelques vêtements auront-ils à subir une puérile investigation ; mais on aperçoit le fardeau dont s'est chargé le jeune Bourmont : « Que contient cette cassette ? Ouvrez. — Je demande, dit le général, que les perquisitions n'aillent point jusque là : ce coffre est une propriété particulière ; il contient un trésor précieux, je l'ai payé du plus pur de mon sang ; ne me laisserez-vous donc rien d'une conquête utile et glorieuse à la France, et dont l'Europe entière profitera ? — Nos ordres sont précis. — Ils ne peuvent regarder un objet de nulle valeur pour vous et que j'affirme une seconde fois m'appartenir. — Il est impossible de déférer à vos injonctions. — Mais à ma prière ? — Non plus ! » Les fils de M. de Bourmont avaient mis la main sur la garde de leurs épées. « Obéir est, comme vaincre, le devoir d'un soldat ; mes enfants, livrez ce coffret ! Messieurs, en voici la clef, j'aurais voulu ne la confier à personne. »

La cassette, posée sur une table, est ouverte avec une espèce d'avidité. M. de Bourmont a caché sa tête dans le sein de ses deux fils, qui eux-mêmes détournent les yeux. Une boite en plomb se trouve renfermée dans la première; un sourire moqueur contracte les traits des curieux: les perles de l'Orient, les diamants de Golconde n'échapperont pas aux recherches commencées. On brise le couvercle de la boîte, un cri échappe aux témoins de cette scène déplorable ! « Qu'est-ce que cela, s'écrie épouvanté le plus intrépide perquisiteur ? — Le cœur embaumé de mon fils tué devant Alger, répond le général, je le porte à sa mère. Voilà désormais l'unique fortune des BOURMONT. »

CHAPÎTRE XVI.

—

MADAME, DUCHESSE DE BERRY.

*

CHAPITRE XVI.

Madame, duchesse de Berry.

—

> Ah ! ne vous lassez pas d'aimer et d'être aimée ;
> Peut-être touchons-nous au moment désiré
> Qui saura réunir ce qu'on a séparé.
>
> CORNEILLE. — *Sertorius.*

L'amour de la France est le sentiment qui domine Madame. En 1816, elle quitta le beau ciel de Naples pour se vouer au bonheur des Français. Son voyage de Marseille à Paris fut un triomphe enivrant pour une princesse jeune, vive et aimante; elle fut enchantée et se plut à le montrer. Les sites, les usages, le caractère national, les plaisirs, les jeux, les arts, les modes et la parure, tout en France fut du goût de Madame la duchesse de Berry. Jamais on n'approcha cette princesse sans entraînement; jamais on ne la quitta sans regrets. Les fleurs, les hommages et les vers étaient jetés avec profusion sur son passage. On offrit de tout à Madame, rubans, dentelles, tissus; et pour mieux prouver que la France en voulait faire son enfant gâté, on présenta à la jeune princesse les produits les plus délicats de l'art du bonbonnier et du confiseur.

La royale fiancée arriva à Paris un dimanche de la Fête-Dieu, à sept heures après midi. Quand S. A. R. fit son entrée, on entendit les Parisiens se dire : « Nous avons prié ce matin pour la prospérité de la France, et dès ce soir, nos vœux sont exaucés. » Les fêtes du mariage furent ingénieuses et brillantes; le duc de Berry aima la princesse, qui venait de si loin chercher le bonheur. La jeunesse qui la séparait à peine de l'enfance, la grace de toute sa personne, la vivacité de son esprit, son goût pour les arts,

)our les fêtes, l'attachement dévoué qu'elle témoignait : toutes ces qualités, tous ces nobles
)enchants fixèrent un cœur jusqu'alors tendre,
nais léger.

Le duc et la duchesse de Berry vivaient ensemble comme de bons bourgeois de la rue Saint-
Denis, ou comme Henri IV avec sa femme, s'il
n'eût pas épousé l'altière et ombrageuse Marie
de Médicis. Ils se promenaient à pied dans Paris,
seuls, sans chercher à être reconnus. Le para-
pluie sous le bras ne leur semblait pas de rigueur
)our se populariser, puisqu'un jour, surpris au
milieu des Champs-Élysées par une averse, M. le
luc de Berry, pour abriter la princesse, eut recours à l'obligeance d'un jeune homme qui pas-
sait près de là, muni de la précaution utile
contre l'orage. Le jeune homme offrit son bras,
sans se douter le moindrement du rang de la
personne qu'il conduisait. Aux portes de l'Élysée-
Bourbon il apprit, en voyant le poste militaire
présenter les armes, qu'il avait été assez heureux pour accompagner le duc et la duchesse
de Berry; tous deux le remercièrent de sa cour-
toisie en termes simples et gracieux.

Bals, spectacles, concerts, musées, manufactures, ateliers, château d'un serviteur fidèle, chaumière du pauvre, le duc et la duchesse de Berry étaient partout, voyaient tout, et charmaient également les arts, l'opulence et le malheur.

Notre plume s'arrête, notre sang se glace, nos yeux se mouillent de pleurs. . . . .

. . . .

. . . . . . Non, nous ne retracerons pas une catastrophe horrible. Une lacune volontaire nous est ici permise ; assez d'événements sinistres nous restent encore à décrire, à constater. . . . . . .

Cent-un coups de canon devaient annoncer la
naissance d'un prince, s'il était réservé à la duchesse de Berry de donner à la France un nouveau
descendant de saint Louis; onze coups seulement, si une princesse était née pour l'ornement
de la cour. Ce moment souhaité arriva; tout
Paris se réveilla, le 29 septembre 1820, à cinq
heures du matin; le canon des Invalides a tiré
un premier coup, on en compte jusqu'à onze;
un instant d'interruption ébranle la confiance et
fatigue l'espoir..... le canon continue, douze,
quinze, vingt, quarante, cinquante coups sont
entendus; ils ne finiront qu'au nombre désigné;
on n'en suit plus l'explosion : celle de la joie
publique éclate de toute part. En un moment,
les Tuileries sont inondées d'un peuple enivré;
on se porte du côté du pavillon Marsan. Tout-
à-coup une fenêtre s'ouvre; on peut, des terrasses
et du jardin, apercevoir l'intérieur des appartements : un lit de camp est près de la fenêtre, et
bientôt on reconnaît la duchesse de Berry à demi
couchée et montrant au peuple un fils, le duc
de Bordeaux, qui ne compte encore que quelques
heures d'existence. Ravissante dans le bonheur,
patiente et courageuse dans l'adversité; telle fut
toujours la duchesse de Berry.   17

D'un bout de la France à l'autre, les temples chrétiens se remplirent d'hommes cette fois reconnaissants; l'hymne solennel des saintes allégresses retentit avec éclat, les *Te Deum* durèrent un mois; toutes les villes donnèrent des fêtes, les hameaux le disputèrent aux villes en satisfaction, en réjouissances. Le berceau du jeune Henri, promené alors dans toute la France, eût passé sous une voûte de fleurs ! La première fois que Madame la duchesse de Berry parut à la cour après la cérémonie des relevailles, et qu'elle put se montrer aussi à tout Paris constamment dans l'ivresse, on vit la tendresse de mère et la fierté de femme française remplacer sur les traits de l'auguste veuve les traces de la douleur et de la mélancolie.

Depuis ce jour si beau pour la famille royale, si heureux pour la grande famille française, si utile même à la grande famille européenne, Madame la duchesse de Berry comprit qu'elle se devait tout entière à la patrie de son fils; ses tristes souvenirs, ses regrets ne parurent plus passer le seuil de son oratoire. Ce ne fut plus dès lors la princesse enfant, la veuve affligée : elle devint à tous les yeux et pour tous les cœurs la mère du duc de Bordeaux, séduisant sous ce titre de gloire, comme elle avait intéressé sous le poids d'une cruelle destinée !

A Rosny, Madame la duchesse de Berry se plaisait à embellir une demeure où l'ombre de Sully pouvait approuver les rêves de bonheur d'une petite-fille du bon Henri. Un parc ouvert au public, un simple jardin réservé, des salons dont l'élégance fait oublier la richesse, une vaste contrée florissante de bienfaits, une cour aimable, accessible, des fêtes charmantes dont le but constant était les anniversaires de la nais-sance d'un fils, puis une fois le passage d'un père ; un mouvement royal et favorable au com-merce, à l'industrie, une vie délicate et pure, sans étiquette et propre au bonheur : c'était tout Rosny. On y voyait aussi un hospice secourable ; au milieu s'élève une chapelle d'un style noble et sévère. Un rideau de cyprès voile seulement ce lieu consacré ; les mânes d'un grand prince aiment à n'être pas éloignés de Français heureux, lui qui avait toujours désiré le bonheur de la France !

La duchesse de Berry savait que la province était jalouse de Paris ; elle résolut de les unir par un lien commun, le plaisir que causait sa présence : la princesse voyagea. Des montagnes d'Auvergne à la mer de Dieppe, du sommet des Pyrénées aux prairies de la Limagne, du Rhône à la Saône, qui ne se souvient de Madame? A Lyon, les esprits les moins prévenus passèrent sous le charme de son accueil; elle essaya bien de garder un strict incognito; le peuple de Lyon lui forma spontanément un cortége de princesse; il encombra ses pas, il remplit l'air de ses acclamations. Une exposition improvisée révéla à Madame les trésors de l'industrie lyonnaise; la princesse admira, loua, et acheta. Heureuse de revoir ses augustes parents, ravie d'embrasser deux sœurs qu'elle chérissait, flattée de l'amour de tout un peuple, elle accepta des rubans pour Mademoiselle, des étoffes pour le duc de Bordeaux, en disant : « Je les leur remettrai moi-même; ils seront bien reconnaissants de ces marques de souvenir des Lyonnais. » Ce fut à cette époque, et peu de jours après son passage à Lyon que Madame adressa à la reine d'Espagne qui attachait ses regards sur nos belles provinces qu'elle n'avait fait que traverser, ces mots charmants que la poésie a bien pu conserver, mais

qu'il était impossible d'embellir : « Ah ! ma
« sœur, ne la regarde pas trop cette France,
« tu ne pourrais plus la quitter..... »

Peu d'années auparavant, Madame la duchesse
de Berry parcourait la Vendée; on avait répandu
le bruit que les fidèles habitants de la Bretagne
étaient négligés par la restauration, que leurs
services restaient sans récompense; Madame parut au Bocage. « Nous sommes payés de tous nos
sacrifices », s'écrièrent aussitôt, Vendéens et Bretons. Elle releva les chaumières, distribua des
dots aux jeunes filles, des secours aux vieux soldats; plus que tout le reste, des paroles gracieuses
et remplies de sentiment, une foule de réparties
spirituelles, d'à-propos heureux portèrent au
comble l'enthousiasme de la vieille Vendée pour
la mère du duc de Bordeaux. La princesse avait
passé sous des dômes de verdure; les faisceaux
d'armes, les anciens étendards étaient devenus
des trophées de gloire et d'amour. Tous les éloges étaient épuisés; les cris de *Vive le Roi!
Vive Madame!* ne pouvaient plus se faire entendre de la princesse; elle avait pris congé de
l'immense population; encore quelques instants,
et la terre classique du dévoûment allait dispa-

raître sous les pas de Madame ; on ne rencontrait plus d'habitation. Dans une des sinuosités de la route, et lorsque les voitures étaient près d'atteindre les limites des départements de l'ouest, Madame la duchesse de Berry lève les yeux au Ciel, pour le remercier sans doute du plaisir si pur qui avait accompagné son voyage ; elle aperçoit un vieillard debout sur un roc escarpé. Le bon Vendéen tenait d'une main son ancien drapeau déployé, de l'autre il saluait une dernière fois la princesse. C'était le monument vivant d'une immuable fidélité.

A Paris, Madame, sans paraître moins auguste, avait conquis la plus grande popularité : les dames de la Halle, la compagnie des Charbonniers, l'artisan, le simple ouvrier, tous connaissaient Madame, tous ont suivi ses pas, tous lui ont vu répandre la grace, le bienfait. Madame semait l'abondance en visitant l'atelier du pauvre, comme les bazars de l'élégance ; le pavillon Marsan était le rendez-vous du goût et de la splendeur. Les théâtres prospéraient sous le patronage de Madame ; la mode lui dédiait ses plus ingénieuses combinaisons ; les muses empruntaient quelques traits de sa belle vie.

Étrangère à la politique, dévouée aux intérêts, aux prospérités de la France; voilà la duchesse de Berry, et voilà pourtant la princesse que l'on s'est condamné à ne plus voir; et il s'est trouvé M. Baude pour demander que la cruelle nécessité du moment fût convertie en loi, et que cette loi bannît Madame pour JAMAIS. Eh bien! qu'importe? le cœur ne peut être proscrit, et TOUJOURS la France possédera le cœur de Madame.

Pendant que nous terminions ce chapitre, Madame la duchesse de Berry s'est rapprochée un instant de nos rivages; nous garderions le silence sur un événement aussi simple en lui-même, s'il n'avait pas éveillé la crainte et fait naître le soupçon. Nous ne sommes pas dans le secret des voyages de la Princesse; nous croyons qu'elle a le projet de visiter sa famille, qui la chérit, et le peuple de Naples qui la regrette. Peut-être alors, la duchesse de Berry n'a-t-elle pu résister à son désir de revoir la France d'aussi près qu'il lui est permis; peut-être encore son cœur venait-il au devant des hommages de quelques amis restés fidèles à son malheur. Mais, dans les départements voisins des frontières de la Suisse et de la Savoie, les crieurs publics ont de nouveau hurlé l'insulte et la calomnie contre les vertus et les nobles sentiments de la duchesse de Berry. C'est une ressource honteuse qui a excité partout le blâme et le mépris.

On ne persuadera à personne qu'une faible femme, sans soldats, sans armes et sans or, puisse être dangereuse à un gouvernement, parce qu'elle vient à passer non loin de quelques-unes de nos provinces. Et quel est le Français qui ne se sente convaincu dans le fond de l'ame que la mère du duc de Bordeaux ne doit, ne peut, ni ne veut allumer la guerre civile, ou recourir à la guerre étrangère? S'il était réservé à quelques-uns d'entre nous de revoir un jour cette princesse en France, ce serait si la paix et le bonheur nous étaient enlevés, et qu'il dépendît de sa présence de nous les rendre.

CHAPITRE XVII.

—

MADEMOISELLE.

*

CHAPITRE XVII.

Mademoiselle.

Tendres lis arrosés de larmes,
Vous croîtrez semblables aux fleurs
Dont l'aurore augmente les charmes
En y laissant tomber des pleurs.
Anonyme.

Mademoiselle, on l'assure, était destinée à devenir la compagne de M. le duc de Chartres : cette union eût alors comblé les vœux et les plus hautes ambitions de deux augustes familles. Le mariage de la jeune princesse n'eût

point été accompagné des larmes de la séparation : Madame aurait vu naître , croître et durer
le bonheur d'une fille chérie. Une enfant de
France serait devenue épouse et mère sans qu'il
lui en coûtât l'air natal et le doux charme at-
taché à la patrie. Le Ciel , nous l'avions cru du
moins , devait cette solennelle réparation à l'illustre veuve du duc de Berry , si courageuse et
si touchante dans le malheur; Mademoiselle eût
élevé son mari au rang de frère de son roi.
Enfin (tant la Providence est incompréhensible
dans ses desseins !) le duc de Bordeaux ne pou-
vait-il pas , sans événements sinistres ni extraor-
dinaires , sans révolution , toujours incertaine ,
quitter le trône de ses pères avec bonheur, avec
gloire , mais sans laisser de postérité? A son
tour, M. le duc de Chartres eût fait Mademoiselle reine de France. Ne plaignons pas le prince
appelé à devenir roi des Français , et déja duc
d'Orléans , mais qu'il nous soit permis de jeter
quelques fleurs sur les pas d'une jeune fille de
France que n'abandonneront jamais nos vœux et
nos regrets.

CHAPITRE XVIII.

—

LES ÉMEUTES.

*

CHAPITRE XVIII.

Les Émeutes.

Et le public léger qu'un changement réveille
Brise en riant l'autel qu'il encensait la veille.
DORAT.

Les émeutes ont été d'abord menaçantes, terribles; elles commencent à s'affaisser jusqu'au
ridicule; mais elles peuvent se relever et remonter jusqu'à l'horrible. En attendant, chaque
mois porte la sienne; il s'est trouvé même des
semaines qui l'ont disputé au mois.

Paris, en sa qualité de capitale de la révolution, a donné l'exemple, les grandes cités se
sont montrées assez fidèles en imitation; puis,
les petites villes et les gros villages ont à leur
tour tranché du révolté : le ricochet insurrec-
tionnel n'a pas épargné le hameau. A Paris,
des bandes innombrables et bien organisées ont
long-temps semé l'effroi; elles ont souvent envahi le Palais-Royal et proféré des cris de mort
contre des accusés, des cris de mort contre des
condamnés, des cris de mort contre des juges.
Le repos de la famille royale a été troublé, la
sûreté de la monarchie a paru quelquefois com-
promise, le danger s'est montré imminent, et
les ressources faisaient craindre leur insuffisance.
Après les journées de juillet, comment repous-
ser l'aggression par la force ? Quels ministres
eussent osé le proposer, quels généraux en donner l'ordre, quels soldats y obéir ? Ce sera une
grande affaire que de réhabiliter le sabre ; Bonaparte, en mourant, en a peut-être emporté le
secret.

En attendant, la garde nationale, forte de
zèle et d'intentions pacifiques, a pu seule, par
ses exhortations, plus que par ses armes et ses

compagnies de canonniers, calmer une exaspé-
ration commandée, ou payée à tant par fureur :
graces lui soient rendues, elle a bien mérité du
pays ! Mais le crédit public et particulier, mais
le commerce et l'industrie, mais les lettres, les
sciences et les arts, tout est frappé de langueur ;
l'émeute tue ce qu'elle approche, elle nuit même
aux intérêts qu'elle protége ; l'étranger la fuit,
le négociant la redoute ; et sans armes, sans
chefs, sans espoir et sans but, elle n'en est pas
moins destructive, meurtrière. Les ameutés ont
d'ailleurs montré une férocité d'intention, un
excès et un accord de brutalité qui laissent de
profondes alarmes au cœur des véritables amis
de la liberté.

Peu de détails ont été publiés jusqu'à ce jour
sur les émeutes ; une espèce de pudeur publique
semble avoir retenu la plume des écrivains et af-
faibli la voix des orateurs ; ferons-nous comme
eux ? ou bien, entraînés par notre conviction et
nos inquiétudes de l'avenir, soulèverons-nous
un coin du voile qui cache encore à la postérité
la honte de nos excès ? nous croyons plus utile
de recourir à ce dernier moyen.

Du 27 juillet au 1ᵉʳ août 1830 la guerre civile a dévasté les rues de Paris, des hommes ont été mutilés, leurs membres épars portés en triomphe ; dans le palais des rois, on a vu des forcenés asseoir un cadavre nu sur les débris du trône ; des femmes ont pris part au carnage* ; un enfant de douze ans a ouvert au peuple les portes du Louvre ; un autre à peu près du même âge a tiré à bout portant sur le duc de Fimarçon dont la jambe a été fracassée ; un homme a été remarqué à un entre-sol écrivant paisiblement sur son bureau ; de quart d'heure en quart d'heure il se levait nonchalamment, prenait son fusil, le chargeait ; puis, se plaçant derrière le volet

---

* Un jeune officier de lanciers séparé des siens et poursuivi par le peuple, précipite son cheval dans la petite rue de Rohan ; il lève les yeux pour chercher quelque secours et l'espoir d'un abri ; il voit à une fenêtre une femme, jeune, jolie, élégamment parée, arrosant avec soin un oranger couvert de mille boutons. Rien n'est doux au regard comme la beauté et les fleurs : le jeune homme se rassure, il approche ; il n'en doute pas, la jolie dame à l'oranger va le sauver ; il lui en adresse la prière ; pour toute réponse l'arbuste et sa caisse sont dirigés sur sa tête, il n'y eut cependant que celle du cheval de fracassée : l'officier avait eu le temps d'éviter le coup qui lui était adressé.

qui lui servait de rempart, il couchait en joue le suisse ou le garde royal ; après l'avoir tué, il retournait sans émotion comme sans danger continuer la lettre ou peut-être le madrigal commencé. Dés lieux de débauche la mort était envoyée sur de jeunes militaires que la veille on attirait encore par tous les piéges du vice et de la cupidité. Enfin, ce que les guerres intestines n'avaient appris à personne, ce qu'aucune histoire n'a rapporté, ce qu'aucune chronique n'a révélé, nous l'avons vu, et nous en sommes frappés de stupeur : les plus viles prostituées se sont livrées *gratis* au peuple pendant trois jours, en réjouissance des trois journées. Ainsi l'ignominie a fait des sacrifices acceptés !.....

Du moins à cette fatale époque, il y avait péril pour les deux partis, et le danger couvre toujours quelque gloire. Il y a eu combat, victoire chèrement achetée, puisque le sang français en était le prix ; et nous ne plaçons pas au rang des émeutes ordinaires la révolution de juillet; les vainqueurs pourraient s'écrier : *Tout était juste alors !* Et le succès embarrasse la réponse. Mais depuis, un gouvernement s'est formé, des lois ont été promulguées ; l'émeute n'a pas désarmé : fille de la révolution elle blesse sa mère. Suivons-la dans ses emportements.

Mort aux ministres ! mort à Polignac ! tel a été le cri de ralliement des révoltés de juillet, octobre et décembre 1830. Mort aux ministres ! mort à Casimir Périer ! tel vient d'être le cri des émeutes de mai, de juin et de juillet 1831. Il y a eu émeute contre l'office des morts, le 13 février, jour néfaste dans les annales du meurtre. Quelques Français attachés à la liberté des sentiments, des opinions et des cultes se sont rassemblés de la manière la plus inoffensive, publiquement, sans peur comme sans reproche, dans une église où, dix années auparavant, la dépouille mortelle d'un prince lâchement assassiné avait été confiée à la douleur et à la prière. On est venu pleurer et prier encore. Tout-à-coup des fanatiques de licence se ruent dans le temple de Dieu ; ils souillent un tombeau, ils menacent un souvenir ; ils semblent se charger de la solidarité d'un grand attentat ; et de Paris à Lille, où l'image du duc de Berry est outragée, est renversée, on semble tenir à honneur de prouver, la tragi-comédie de quinze années terminée, que le crime de Louvel ne fut pas isolé. Le cénotaphe du duc de Berry mis en pièces, on jouit un instant du plaisir de fouler aux pieds des couronnes. Mais le crime est ambitieux; c'est quelque chose que de profaner des mânes de prince; que sera-ce si l'on peut monter jusqu'aux tabernacles du Très-Haut ? Nos devanciers ne furent que régicides; si le déicide nous était réservé!...... Cette pensée infernale parcourt comme une commotion électrique les imaginations échauffées d'impiété. Alors rien ne demeure sacré : on brise les autels, la croix tombe sur la foule, on se revet des ornements du prêtre troublé dans sa conscience, inquiété sur sa vie. L'impiété a ses bouffons; on parodie le rit catholique dans ses pompes solennelles ; des lambeaux de chasubles d'or et d'étoles précieuses sont épars sur le parvis ; les rubis et l'hyacinthe, pieux hommage de vingt rois, sont arrachés aux reliques d'anciens martyrs. Saint-Germain-l'Auxerrois, temple gothique respecté des vandales et du temps, n'est plus dans l'intérieur de ses voûtes découpées qu'un amas de décombres et de poussière : on dit que des gémissements inconnus sont sortis de la pierre tumulaire, dernier toit de l'implacable mort. L'abomination est dans le saint lieu.

Attila et ses hordes sauvages avaient bien jadis dépouillé l'antique Lutèce de ses temples et de ses monuments, mais depuis l'amoncellement des siècles, jamais il n'avait été donné aux hommes le spectacle d'un peuple né chrétien, assez enivré de désordre pour piller ses propres églises. Au dix-neuvième siècle, Paris a été témoin de cet acte de démence, et Paris l'a souffert!...

Quand Dieu est outragé, c'est peu que les insultes prodiguées aux objets périssables : nous ne dirons rien de l'archevêque de Paris calomnié, menacé, mis en fuite de son palais tombant sous une dévastation à la fin complète. Juste et grande a été la joie de ce triomphe populaire : un prélat sans asyle, et nécessairement un peu plus tôt, un peu plus tard, le denier de la veuve et de l'orphelin employé par l'administration de la cité à reconstruire au moins une chaumière pour le premier pasteur dont le palais ne coûtait rien, est ingénieux d'extravagance !

Et d'ailleurs, on est tenté de croire que rien n'est réel autour de nous. C'est un rêve, un cauchemar perpétuel ; mais le réveil se fait trop attendre ; et l'on continue à se sentir triste, oppressé sous le poids de on ne sait quelle fascination. En effet, les tribunaux sont ouverts ; on y rend sans doute pleine et entière justice. Eh bien ! voilà des accusés ; aux uns on attribue la démolition de l'archevêché, à d'autres on reproche l'incendie de Montrouge et les profanations de Saint-Germain. Des témoins sont entendus , les charges sont précises, les dépositions foudroyantes ; des jurés français délibèrent, personne ne doute que la déclaration ne soit unanime , elle l'est en effet.... pour absoudre les prévenus !

Non coupables, a prononcé le jury ! l'archevêché est donc debout, l'église de Saint-Germain-l'Auxerrois préservée et intacte , Conflans meublé ; ou bien la police du royaume est plus que négligemment faite : elle a désigné des hommes innocents et n'a pu découvrir ni livrer un seul des auteurs et fauteurs de tant de ruines et de scandales !

Après les émeutes contre la vie des ministres et celles contre à peu près tout le monde , jours et mois suivants, il y a eu les petites émeutes, les émeutes pour rire ; elles s'agitaient au profit de la mémoire de Napoléon , en faveur de son fils , de ses frères. On ne sait s'il n'a pas été question de s'ameuter un peu pour faire honneur à l'oncle cardinal : une émeute se donne comme une sérénade ; c'est une manière de montrer de la déférence, et bientôt un homme d'état, s'il n'a pas occasioné son petit rassemblement, sa petite rumeur, sera négligé comme homme de trop peu d'importance.

Nous avons eu aussi nos émeutes de propagande. Les ouvriers de Paris se sont mutinés contre les Russes oppresseurs, assure-t-on, de la noblesse polonaise : on a cassé les vitres de l'ambassadeur du Czar ; puis, l'insurrection a, d'un coup de baguette (qui ne croirait à la magie!), transporté le Quai-aux-Fleurs sur la place Vendôme : l'airain de la colonne a pu ployer sous le faix des immortelles et des violettes; les aigles impériales ont eu litière de feuilles de rose, et les figurines de Napoléon ont paru cette fois noyées dans l'eau de jasmin et l'essence de tubéreuse. Des cris de mort s'échappaient encore de temps en temps, pour empêcher la prescription, mais il partait des grappes de lilas et des touffes de la jacinthe ou des anémones. La révolution était en fête, elle nous a donné le bouquet. La force armée était là, sans doute attirée par le gracieux du spectacle, quand, un peu serrée par les curieux à guirlandes, un peu pressée par la foule aux arbustes, elle a cru devoir employer pour se dégager un moyen neuf et parfaitement de circonstance : les pompes à eau ont été amenées, on s'est mis à arroser en même temps le peuple et les fleurs. Nous aurons eu comme la fronde nos émeutes de gaîté ; seulement nous regrettons que celles-ci aient fini d'une façon un peu triviale. Depuis juillet, tout se fait par trois journées : l'affaire de la place Vendôme a donc duré le temps convenu ; mais le troisième jour, les assaillants ont été combattus avec leurs propres armes en diminutif : le peuple s'est défendu contre les pompes avec des seringues. Il y a peu de dignité à finir une solennité patriotique à la *Pourceaugnac* ; mais sans doute, ministres et opposition, bourgeois et soldats auront répété chacun à part soi ce vers de situation :

J'ai ri, me voilà désarmé,

puisque de ce moment, la place Vendôme a repris ses grands airs d'ennui et de solitude, et que, depuis l'émeute aux seringues, Paris a joui plus d'un mois d'un calme inaccoutumé.

Il ne faut cependant pas que Paris se fie trop

à ses avantages de centralisation ; l'émeute est cosmopolite , il y en aura pour tout le monde ; mais il ne faut exiger des petites localités le grandiose des capitales ; d'ailleurs , la seconde ville du royaume , Lyon a donné un premier exemple de simplicité de moyens s'alliant à l'énergie de la volonté. Elle a eu ses trois journées de charivari aussi significatives , mais plus divertissantes que les émeutes à coups de fusil ou même à coups de poing. Il s'en suit que l'on remarque davantage la tendance de la France au fédéralisme. Quoi qu'il en soit , Paris jouira long-temps encore des priviléges des métropoles ; c'est dans le sein de cette ville immense que l'émeute a voulu naître forte et résolue. Rome , il est vrai corrompue , mettait au rang des dieux les Néron , les Caligula ; le temps ne nous semble pas éloigné où l'on ouvrira des temples à l'émeute : déja nous lui connaissons des autels , des pontifes et des lévites ; on lui a offert le sacrifice des processions de la Fête-Dieu en holocauste. Un temple chrétien , l'église de l'Abbaye-aux-Bois a été mise en réquisition comme propriété communale , livrée à un schisme ancien , mais que l'émeute prenait un instant sous sa protection ; alors elle a commencé à se montrer régulière, elle a fini tant bien que mal un enterrement (celui de M. Grégoire). Ne voulant pas cependant perdre ses droits, ni rassurer les gens par un systême de concessions toujours dangereuses pour la puissance, sur une tombe entr'ouverte elle a crié : *Vive la convention ! Vive 93 !*......... c'est la doublure de *Vive l'enfer !* d'une chanson de Béranger. Toutes les manifestations de l'émeute laisseraient soupçonner qu'elle pourrait bien viser à quelque tyrannie.

Lorsque l'émeute, ayant achevé de détrôner l'opinion, se proclamera reine du monde, il ne fera peut-être bon pour personne, pas même pour ses sujets les plus fidèles et les plus dévoués.

N. B. Sur la foi des assurances officielles, nous avions cru les esprits à jamais appaisés ; mais la révolte ne paraît pas disposée à s'en tenir aux lettres closes que lui avait pour ainsi dire adressées le gouvernement ; elle a reparu toujours animée, toujours croissante. Nous avons donc des émeutes par *post scriptum;* celles de la fin de juin ont suivi le système des progrès ; dédaignant le terme arbitraire de trois jours, elles en ont duré cinq bien comptés ; puis encore elles ont eu ce trait distinctif de paraître improvisées. Aussi n'ont-elles montré aucun but, ni cherché a atteindre à aucun résultat ; la garde nationale a recommencé son périlleux et surtout fatiguant service; et la ligne a obéi! Ce dernier trait n'a d'étrange que d'avoir été remarqué. Nous avons eu un 14 juillet, c'est à fêter l'anniversaire des trois journées que vont se passer les 27, 28 et 29.

On annonce encore de grandes et petites insurrections; on désigne le jour, le lieu et l'heure. Nous n'avons jamais cru aux fanfaronnades ; espérons donc que lorsque nous écrirons la seconde année de la révolution de juillet, historien véridique, nous ne serons pas forcé à intituler un de nos premiers chapitres *suite des émeutes :* ce qu'il y a de certain, c'est que nous souhaitons que l'ordre s'établisse.

CHAPITRE XIX.

LE ROMANTISME RÉVOLUTIONNAIRE.

CHAPITRE XIX.

Le Romantisme révolutionnaire.

> Le duc de Grafton informé que Young faisait une tragédie, lui envoya un crâne avec une bougie allumée ; le crâne lui servait de lampe.
>
> HISTOIRE.

Les siècles de gloire furent des siècles d'ordre. Jamais les arts n'atteignirent à un plus haut degré de perfection que sous Périclès et Auguste. A ces deux époques, les idées d'ordre dominaient Rome et Athènes. Louis XIV a été grand;

l'ordre immuable établi dans l'état fut la base des grandeurs de son règne. Une étiquette sévère, minutieuse en apparence, fort gênante pour un jeune monarque qui aimait le plaisir et l'indépendance, au moins pour lui, régla la ville et la cour. Le roi le plus fier et le plus absolu s'y soumit, et jamais il ne s'écarta des devoirs rigoureux qu'il s'était tracés. Il faut voir les résultats. Le roi adoptant des règles invariables, force fut aux courtisans de les suivre ; ils parvinrent à les outrer. De cette régularité sortirent de nobles, de majestueuses pensées : par elles Condé combattit, Racine devint poète et Vauban et Colbert imposèrent des limites même à l'art de la guerre. On se battit en règle, l'attaque était prévue, la défense préparée : Eugène et Turenne jouaient à la guerre comme on joue aux échecs. La victoire habilement disputée ne brillait pas d'un éclat moins vif. Les pays ennemis se faisaient représenter par un nombre à peu près déterminé de soldats ; les batailles étaient aussi décisives, mais moins meurtrières. Une querelle de rois ne coûtait pas la vie à tout un peuple, et les nations ne se ruaient pas les unes sur les autres pour défendre quelques utopies de gouvernement. On ne se battait point par hordes, on avait oublié le mot *invasion*; le temps des Attila et des Brennus n'était plus. Il y avait enfin de l'ordre dans le sac d'une ville et l'incendie d'une province, on savait d'avance et d'une manière certaine où les calamités s'arrêteraient.

A cette même époque Boileau rajeunissait Aristote; tous deux redisaient à l'imagination du poète : *Tu n'iras pas plus loin.* Les entraves apportées par les deux arts poétiques, l'ancien et le moderne, ont-elles fait avorter quelques conceptions vives et hardies? ont-elles comprimé le talent, frappé de stérilité des esprits naguère féconds?..... Virgile, Horace, Sénèque et Sophocle, Plaute et Térence, Corneille et Racine, Molière et Voltaire se chargeraient de répondre. Si les bornes imposées au génie l'empêchent de s'étendre, alors il grandit.

Après Louis XIV parut la régence. L'ordre fut méprisé : il était de la vieille cour. Le trouble se mit dans les meilleurs esprits. En finances, on eut le systême de Law; en guerre, des défaites ou des humiliations; en politique, les misérables jongleries d'un cardinal Dubois; pour littérature, les portraits de Madame de Staal, les petits vers de la duchesse du Maine et les Mémoires du chevalier de Ravannes... Louis XV prit les rênes du gouvernement; quelque retour aux idées d'ordre ramena quelque gloire : nous fûmes vainqueurs à Fontenoy ; Voltaire naquit, Rousseau s'annonça, les philosophes s'unirent... Louis XVI monta, hélas! dirons-nous? au trône; l'ordre était dans son cœur royal, les philosophes l'y murèrent, il ne put jamais en sortir... La révolution éclate, c'est le désordre incarné. Cependant nous ne le verrons envahir que d'un pas timide la république des lettres. En composant l'hymne des Marseillais, on osera bien être sanguinaire, mais on n'aura pas le courage de se soustraire aux règles d'Aristote. La poésie du chant de terreur sera irréprochable, quant aux mots. Mirabeau, Maury, Cazalès et Danton mettront également en pratique les leçons de Longin, et c'est par lui que les uns et les autres approcheront souvent du sublime. Et ce bon M. de Robespierre *qui n'est pas encore jugé*, croit-on qu'il ait dédaigné dans ses longues homélies révolutionnaires les vieux préceptes de la docte cabale ? non pas vraiment : il portait à sa façon le joug de Démosthène ; il parla comme on parle, sans être inversif et avec exorde et péroraison.

La licence de 93 se montra plus circonspecte avec la grammaire qu'avec les plus anciennes coutumes du royaume. Elle se moqua des digestes, elle flétrit les arrêts des parlements ; elle ménageait Vaugelas. Diderot avait composé des drames ; malgré quelque talent, il ne put échapper ni à l'ironie de ses confrères, ni à la froideur du public, par cela seul peut-être qu'il avait tenté de s'écarter des règles communes. Chénier imagina des *Charles* ix, des *Timoléon*; il insulta des princes, outragea des empereurs, mais suivant Aristote ; vingt-quatre heures lui suffisaient pour menacer, assassiner des rois. Montvel ne se refusa pas la honte de faire jouer *les Victimes cloîtrées*, seulement leur agonie ne passa pas le terme fixé par les maîtres de l'art. Des souverains, des papes, les nobles, les prêtres, la vertu, le malheur furent exposés sur la scène; on viola les lois les plus saintes, moins celles de *l'unité*. Quant au directoire, il n'eut pas l'honneur d'avoir une littérature; pourtant sous son joug ignoble,

La Harpe vengea le goût, Fontanes l'éclaira, et Delille lui conserva des modèles.

Bonaparte surgit ; il n'aimait pas les lettres, parce que ceux qu'il appelait plaisamment *idéologues* les cultivaient. On ne pensait pas encore sous son empire à colporter le romantisme, à en faire un moyen d'opposition : on ne s'opposait pas. Il aurait d'ailleurs fait jeter dans les cachots du donjon de Vincennes tout ennemi romantique qu'il n'aurait pas envoyé à Charenton. Aussi sous le règne de Napoléon on vit fleurir Geoffroy, l'homme le plus terriblement classique qui ait pu exister.

La perturbation n'était donc pas encore assez grande pour tenter le bouleversement dont nos yeux sont témoins. Ce fut avec la restauration que le romantisme déborda en France ; les antagonistes acharnés, mais adroits, du gouvernement, sentirent que le peuple las de guerre et d'impôts ne se mêlerait de long temps aux affaires publiques ; que l'armée n'ayant pas voulu soutenir Napoléon aux dépens d'une guerre civile resterait fidèle au drapeau blanc, et qu'il ne fallait pas compter sur elle. Alors, on songea aux gens de lettres, ils étaient comblés de faveurs par le Roi et les princes : on les flattait, on les choyait, on les plaçait, on les pensionnait dans tous les ministères. Mais le *genus irritabile vatum* était là. Une vanité d'auteur, c'est le tonneau des Danaïdes ; faire des mécontents de la plupart des hommes de lettres, fut donc une tâche facile ; on la poursuivit avec ténacité et succès. Augmenter, multiplier à l'infini le nombre des écrivains, devint une immense ressource ; on y recourut. Avec des traités, des règles inviolables, des autorités reconnues, avec une académie comme pouvoir, la science pour base, l'instruction commandée, l'esprit et le goût obligés, on n'aurait pas eu l'espoir de faire beaucoup de recrues; il fut décidé qu'une révolution dans les lettres était urgente : on la fit ; elle allait servir de précurseur aux révolutionnaires dans les états. Détrôner le beau, c'était un avant-goût du plaisir que l'on se promettait à renverser le légitime.

Un esprit supérieur s'était ouvert des voies nouvelles. M. de Châteaubriand avait eu recours à d'heureuses hardiesses pour peindre une nature ignorée ; sites, plantes, arbres, oiseaux, passions du désert, amours d'Atala ou de Réné, suave tendresse d'Eudore et de Cimodocée, une teinte religieuse répandue sur les plus séduisants tableaux, cela demandait une poétique à part. La créer, la suivre, ce fut l'œuvre du génie : le mal n'était pas contagieux. Cependant on rassembla les jeunes gens des colléges et des écoles; on leur révéla tout-à-coup un secret dont ils prétendirent depuis qu'ils se doutaient bien un peu, et c'était qu'ils en avaient tous du génie, et qu'alors ils pouvaient se constituer orateurs, hommes de lettres, gens de talents rares, écrivains sans modèle, et dont ne se rendrait pas imitateur qui voudrait.

Cette rare vérité, les journaux la proclamèrent, les professeurs la répétèrent : ce fut un *crescendo* universel. Les jeunes hommes y crurent, et dans un siècle positif, on sentit que quatre ou huit, ou quelques douzaines de génies réunis vaudraient mieux qu'un seul. On inventa la camaraderie; alors l'association s'accrut et grossit : tout le monde voulut s'en mettre. Dès ce moment, tout littérateur qui chercha à élever une digue contre le torrent des fausses doctrines fut hué publiquement et quotidiennement. *Esther* et *Athalie*, *Phèdre* et *Britannicus* ne trou-

vèrent plus de spectateurs ; on siffla Molière ; la
tradition se perdit ; les acteurs que l'on ne com-
prenait plus se retirèrent ; les auteurs classiques,
que l'on n'écoutait pas , se turent. Le romantisme envahit nos théâtres , nos bibliothèques,
les cabinets de lecture , les places publiques ,
les carrefours. Au coin des rues, des affiches de
mille couleurs couvertes de lettres d'une coudée
de haut apprenaient au public les titres d'ouvrages indépendants jusqu'au cynisme , libres
jusqu'à l'indécence. A cette époque pullulèrent
les honteuses spéculations des mémoires ; les
morts en composèrent à l'infini : Madame de
Pompadour, qui n'avait eu ni le loisir ni la fantaisie de laisser des témoignages écrits de ses
faiblesses, se trouva nous en avoir livré l'aveu ;
Madame du Barry nous mit aussi dans les con-
fidences de turpitudes controuvées sur son boudoir. Les femmes de qualité nous édifièrent de
leurs confessions revues et augmentées ; elles
publièrent même celles d'autrui. On intéressa
le public aux aventures d'un forçat , et Vidocq
eut des lecteurs. Le bourreau de Paris, Sanson,
d'horrible mémoire , vit son nom inscrit sur le
frontispice d'un livre..... d'un livre qu'on ache-

tait ! En Angleterre, le bourreau de Charles Ier est constamment demeuré inconnu, jamais on ne le vit au visage, pas même la royale victime qui tomba sous ses coups. Ce fut un homme masqué qui accomplit l'œuvre du régicide.

Tout le monde en France ne sait pas lire ; le poison de la presse ne se distillait pas sur assez de cœurs : les Brinvillers modernes travaillèrent le drame et le mélodrame. Le crime dans sa bassesse, les plus viles passions dans leur ignominie, des meurtriers heureux, l'argot des voleurs de grand chemin et des mœurs de caverne attirèrent, instruisirent et corrompirent le bas peuple de la capitale. La province imita et profita. Cela ne suffisait pas à la curiosité éveillée dans une population de neuf cent mille ames. Les plus affreuses infirmités de l'ame avaient été disséquées sur les théâtres ; les maladies du corps eurent leur tour. Des paralytiques, des poitrinaires, l'anévrysme, la cécité, la folie, l'épilepsie étalèrent le spectacle de leurs souffrances. On vit bientôt des enragés mordre, se débattre et mourir dans des accès d'hydrophobie avec accompagnement de guitare et de flageolet. Une grande partie de ces dégoûtants tableaux

était offerte au public sur la scène dont on avait
dit autrefois :

Le Français né malin, créa le vaudeville.

Le peuple allait bien ; il ne fut question que
de l'entretenir ; mais toutes les classes de la
société étaient appelées au grand œuvre, toutes
devaient y prendre une part active. Il fallait que
des fils de pair se moquassent de la pairie, que
les riches banquiers fussent amenés à ouvrir
leurs caisses au profit de ceux qui se proposaient
de les piller plus tard ; que les capitalistes payas-
sent les insurrections de la Grèce et de l'Italie,
ce qui devait resserrer les capitaux, et qu'enfin
l'insubordination fût nourrie. Elle ne vit pas de
peu ! Alors l'histoire et le roman se ployèrent
avec complaisance aux passions du jour ; elles
travestissaient les événements les mieux consta-
tés : on ne sut vraiment qui trompait davantage.
Des douze Césars de Suétone, on fit les portraits
de rois et d'empereurs vivants aujourd'hui sur
le trône ; les meubles élégants des parloirs re-
celèrent de vieilles chroniques, d'anciennes ballades, où les seigneurs pourfendaient féodale-
ment les vilains ; et l'on se disait : « Nous sommes

« vilains, quel sort nous est réservé ! » Les jeunes filles et les veuves d'une année tremblaient, le comte Ory était un petit saint en comparaison de la vieille noblesse qui n'attendait qu'un coup d'état pour reprendre ses droits les plus tyranniques et les plus surannés. Les deux théâtres français qui avaient un peu hésité à se dépouiller de toute morgue aristocratique, se laissèrent enfin envahir. Les pièces historiques nous montrèrent princes et grands aussi vils que cruels. C'était Louis XI ordonnant un assassinat à genoux devant une petite médaille de plomb représentant une madone ; Henri III méditant le meurtre des Guises en jouant au bilboquet avec Saint-Mégrin. Il restait l'Opéra à *enfoncer*, comme ils disent ; on réussit à y faire recevoir et jouer des *Mazanielo*, des *Guillaume Tell*. L'Académie royale de Musique que le gouvernement du Roi protégeait, soutenait et payait, devint un gymnase d'insurrection ; on venait l'y étudier ou s'y aguerrir. On eût dit l'auteur de *Figaro* ou *la Folle journée* préludant encore, avec privilége du Roi, à une révolution par des œuvres de satyre et de licence : on avait tout Beaumarchais, moins son esprit.

Quelque partisans de révolution que parussent les littérateurs de l'empire, ils ne virent pas cependant avec résignation les arts livrés à l'invasion des barbares ; ils protestèrent contre les Goths. Sans doute ils ne demandaient pas mieux que de livrer le corps social au désordre général, moins les belles-lettres. Ils voulurent sauver ce qu'ils avaient de plus cher ; mais vieux gardiens des antiques pénates, les Priam du classique tombèrent embrassant leurs autels ; aucun ne se releva, écrasé qu'il était sous les épithètes de *perruque*, *momie* et *fossile*. La république des lettres fut entièrement envahie, et comme à l'ordinaire, les usurpateurs se firent tyrans : on siffla *Sylla*, on resiffla *Régulus*. Nous voilà arrivés à la fin de la restauration des muses, continuons l'histoire des mauvais jours littéraires.

Après la révolution de juillet, la censure, qui n'avait rien censuré, fut entièrement abolie. A cette époque, la littérature monta sans doute aussi à l'Hôtel-de-Ville ; elle eut son programme particulier : « Les barricades avaient empêché
« l'envahissement du classique, d'odieuses entra-
« ves étaient brisées ; on nous promettait de l'ex-
« cellent et surtout du nouveau ; nul obstacle ne

« pouvait être apporté aux représentations des
« chefs - d'œuvre dont les auteurs étouffaient
« depuis longues années : le sublime allait s'é-
« chapper par mille issues, etc., etc., etc. »

Le théâtre Français essaya bien encore de retenir un reste de dignité. L'Odéon se jeta corps et biens au milieu du torrent ; acteurs et spectateurs furent entraînés. Le génie ne chercha plus à s'élever, mais à s'étendre ; il s'aplatit. Il y eut égalité parfaite de sottises et d'absurdités. Quant à nous, qui désirions du neuf à tout prix, nous vîmes offrir du réchauffé. On commença bien par surpasser le vœu de Francaleu ; il avait dit en parlant de tragédie :

Je voudrais qu'on en fît en six actes quelqu'une.

Nous eûmes des pièces en neuf actes ; c'était magnifique : on s'ennuyait neuf fois davantage. Mais cela n'était pas nouveau. Aux interminables monodrames joués sur les théâtres de la capitale, nous vînmes à nous rappeler que dans notre enfance une parente à nous, supérieure d'un couvent d'ursulines, avait inventé déjà une tragédie pastorale en dix-huit actes ou tableaux. C'était la touchante histoire de *Joseph*, tirée de

la Bible et mise en dialogue par la bonne supérieure, et la pièce entière n'était ni plus mal
conduite, ni plus fastidieuse que les chefs-
d'œuvre qui maintenant font courir tout Paris.

A-t-on été plus heureux en adoptant le style
burlesque qu'on a nommé *naturel* ? Autre dé-
ception : le ridicule s'est écrié depuis long-temps
comme le métromane de Piron :

Malheur aux écrivains qui viendront après moi !

Nous connaissons une tragédie qui compte
des siècles de gloire et que la Bourgogne peut
admirer tous les ans. Elle se joue dans le village
de Sainte-Reine, qui fut sous César la ville d'A-
lize. Nous ne craignons pas de l'affirmer, la
naïveté de l'expression laisse bien loin derrière
elle les timides essais des modernes romantiques.
La pièce, qui n'a que cinq actes il est vrai, et
ne dure que quatre heures, commence par ces
deux vers :

Reine, mon doux souci, objet rare et charmant
Qui faites de mes sens l'unique mouvement.

Sans ménagement pour l'inversif et le subversif,
et nonobstant clameur de hiatus, nous mettons

hardiment bien au dessus des compositions récentes, la tragédie de Sainte-Reine, dont l'auteur n'est pas connu, et le *Tremblement de terre de Lisbonne*, que l'on doit, comme chacun sait, à maître André, perruquier du dix-huitième siècle.

Enfin, le matin dans nos courses, nous entendons des cris de mort comme dans les premiers jours de la révolution de 89 ; le soir, on va subir aux théâtres les vieilles représentations des *Visitandines*, des *Dragons et les Bénédictines*, du *Chanoine de Milan*. L'Opéra nous garde pour la fin du jour l'hymne proféré jadis et si long-temps au pied des échafauds où l'on égorgeait nos pères ; comme alors, on se met à genoux aux beaux endroits. Ce peut être noble et fort patriotique, mais neuf !... Qu'espérer en ce genre d'une révolution qui, au bout de quarante ans et en France, recommence avec les mêmes cris et LES MÊMES CHANSONS ?

Au total, les jeunes vainqueurs du Parnasse élaborent, imaginent.... et quoi ? des vers dont rougirait Marot, que repousserait Ronsard, ou que la couronne de François Ier et du grand Frédéric ne sauverait pas du ridicule ! Ils inventent une seconde fois le roman de *la Rose*, les

ballades des sorciers, les superstitions des montagnes ; ils protégent les arts comme les descendants de Mahomet, faisant une auge de colonnes
à chapitaux corinthiens; ils chantent comme Néron aux cris des mourants, à la lueur de l'incendie. Pour la tragédie, ils ont relevé les tréteaux
de Thespis ; pour la comédie, ils alternent entre
les lazzis de Méselin et les personalités d'Aristo-
phane. Dans l'épopée, ils n'en sont pas encore à
la hauteur du Virgile travesti de Scarron. On les
entend soupirer l'élégie avec l'ours des forêts, et
le boa a trouvé place dans leurs poésies légères ;
le lion et le léopard ne sont-ils pas demeurés les
personnages intéressants d'un de leurs drames
renommés? D'honnêtes mères de famille qu'un
chat domestique effraierait près du berceau de
leur premier-né, s'en vont admirer un tigre se
jouant d'un enfant au maillot ; et si cet acteur
était pris d'un moment de distraction ou n'entendait pas bien le souffleur, l'enfant serait dé-
voré. Et les Romains du cirque étaient des barbares, et les Espagnols composent une nation
féroce, eux qui prennent plaisir aux combats du
taureau.

Et cependant le programme nous avait promis

du nouveau, n'en fût-il plus au monde? Eh bien! en voici :

La croix ne brille plus sur le dôme étincelant des Invalides ; on l'a abattue des édifices chrétiens, on l'a relevée aux théâtres des boulevarts. Là on fait des baptêmes, des mariages, des enterrements suivant le rit catholique, et, sans doute pour l'instruction des spectateurs qui ne vont pas à l'église ; bannières, encensoirs, cierges, processions, prêtres, ornements sacerdotaux sont devenus des accessoires de mélodrame. La loi décide que la religion et ses ministres seront protégés ; la littérature romantique présente un archevêque incendiaire. On fait mieux que d'insinuer, on copie : un acteur joue le personnage principal, il porte les vêtements de pontife, il imite le geste et la voix, il a même trouvé le secret de se donner la figure de M. de Quelen, archevêque de Paris. Si ce prélat venait à traverser les boulevarts, lorsqu'on sort de l'Ambigu ou de la Gaîté, et qu'il fût reconnu (ce qui serait probable), puis insulté, maltraité peut-être, à qui s'en prendrait-on, au spectacle ou aux spectateurs?

Le Paradis... celui des chrétiens n'a pas été

épargné : saint Pierre et ses clés ont été parodiés de la manière la plus burlesque. Il est censé qu'une toile du fond sépare seule les personnages de la demeure éternelle du Très-Haut, et l'on exige d'un peuple que l'on rend témoin de ces épouvantables folies qu'il respecte les temples du Dieu vivant !... Arrêtons notre plume, ce sujet est au dessus de nos indignations vulgaires.

On a eu besoin de cette poésie de bouleversement, lorsqu'on a voulu tout confondre et détruire ; maintenant que l'on cherche à édifier, comment fera-t-on rentrer dans son lit l'océan des mauvaises doctrines ? il s'agit d'adoucir un peuple irrité à plaisir ; quel parti prendre avec la littérature des angoisses et du désespoir ? c'est un amas confus

> Où l'on ne trouve plus qu'un horrible mélange
> D'os et de chairs meurtris et traînés dans la fange,
> Des lambeaux teints de sang et des membres affreux.

A peine si les bardes de Pharamond et de Mérovée eussent compris quelque chose à nos descriptions de tortures, de chevalets, de potences et de roues ; à l'affreuse métaphysique des der-

nières pensées des meurtriers , à toute notre littérature d'échafaud. Ce n'était pas assez de peindre les hommes cruels jusqu'à l'atrocité; on a
créé le monstre idéal, tout en protestant de son
amour pour le naturel. Les anciens représentaient la vérité nue, mais toujours belle de formes , et gracieuse d'attitude. L'allégorie alors est
ingénieuse et délicate. Mais si les objets bizarres,
noirs et impurs fantômes sortis de l'imagination
déréglée de nos écrivains, avaient osé se montrer
dans Rome ou dans Athènes, il n'y aurait pas
eu assez de toges et de manteaux pour les couvrir. La vérité des romantiques ressemble à ces
mendiants couverts de haillons, qui couchés sur
le bord des grandes routes , au lieu de chercher
à émouvoir en demandant quelque pitié et du
pain pour eux pauvres et sans travail , pour leurs
femmes et de petits enfants sans nourriture , pré-
fèrent étaler aux regards du voyageur qui, les
évite, des plaies hideuses..... encore presque
toujours elles sont factices !

Les jeunes cœurs , les jeunes esprits se sont
corrompus jusqu'à la dépravation, en puisant à
de pareilles sources ; et l'on ose vanter les mœurs
de la jeunesse, on prétend qu'elles se sont épu-

rées ! est-ce par hasard parce qu'on n'aime plus?. les sentiments de tendresse, de bienveillance, de dévoûment réciproque, ce penchant si doux d'un sexe vers l'autre?.... l'amour noble et pur quand la vertu le règle, peut-il maintenant trouver place dans des imaginations fascinées de mélancolie sauvage, de maximes atrabilaires, de meurtres et d'atrocités? L'amour des sens, l'amour brutal, croit-on l'avoir éteint? l'affreux Léger venait d'aimer la malheureuse jeune fille dont il dévorait les entrailles !

Qu'apprennent les livres contemporains, en commençant par la désolante doctrine de Gall, et en finissant par ces cours de philosophie d'instinct dont depuis tant d'années on nous abuse? « Le bien et le mal sont innés, les impulsions « de la nature irrésistibles ! » Aussi un jeune homme de vingt ans, doux, spirituel, aimable, bon fils, bon frère, excellent ami, de mœurs innocentes, disait, il y a peu de jours, à un déjeûné de garçon, et du son de voix le plus suave et le plus harmonieux : « Vous louez ma « retenue, la bonté de mon caractère; ne vous « y trompez pas, je suis dominé par mon in- « stinct, quel qu'il soit ; il ne me demande rien

« d'extraordinaire ; mais s'il était dans ma na-
« ture de boire du sang, j'en boirais. » Heureusement il préférait le Champagne : on s'empressa de lui en verser.

Que penser aussi de ces trapistes de la civilisa-
tion qui commencent par établir et qui croient
bien avoir démontré que par de là cette vie, il n'y
a que néant; et qu'ainsi la mort nous sépare éternellement d'une mère, d'une femme et d'enfants
adorés, et qui pourtant, en l'honneur du romantisme, ne s'abordent jamais sans se dire : « Frère,
« il faut mourir » ? Les solitaires de la Grande-
Chartreuse sont du moins plus conséquents : ils
regardent la mort comme le commencement de
la vie.

Jeunes politiques, jeunes littérateurs, vous
êtes la partie active d'un peuple de souverains,
vous êtes souverains vous-mêmes; on doit porter crainte et respect aux têtes couronnées : nous
allons donc recourir à l'apologue, comme si nous
avions à faire à quelque despote de l'Orient.

Des hommes se plaignirent au Destin : « Pour-
« quoi tant de chaleur en été, un froid si rigou-
« reux en hiver, et la pluie et les orages ? pour-
« quoi le malheur et la souffrance, la tyrannie

« et l'esclavage ? pourquoi....? Instruits par la
« sagesse des siècles, nous ferions maintenant
« mieux que tout cela. — Eh bien ! soit, leur
« dit le Destin ; voici le soleil et les étoiles, la
« terre et l'eau, le calme et les vents, voici
« tous les éléments qui ont concouru à la for-
« mation de l'univers, je vous les soumets ;
« mettez-vous à l'œuvre. »..... Ils travaillèrent
avec tant d'ardeur qu'en peu de jours ils étaient
parvenus à refaire à neuf..... le CHAOS !....

On ne dit pas s'ils se repentirent de leur ouvrage.

CHAPITRE XX.

—

LES PRÉDICTIONS.

※

CHAPITRE XX.

Les Prédictions.

Stupete gentes.
Santeuil.

Et un trône, debout depuis quatorze siècles, tombera dans un abyme qui restera ouvert.

Et les descendants de soixante rois reprendront pour la troisième fois la route de l'exil ;

Et pour cette grande perturbation, il suffira de trois jours.

Et il y aura des vainqueurs ;

Et tout le monde aura été vaincu.

Et le peuple voudra faire un roi ;

Et ce ne sera pas le peuple qui fera un roi.

Et deux cent dix-neuf députés se feront rois ;

Et ces deux cent dix-neuf feront un roi.

Et ils déclareront que l'hérédité ne donne point de droit à la couronne ;

Et ils décréteront que la couronne est héréditaire.

Et on le croira !

Et ils diront que les rois n'ont pas eu le pouvoir d'octroyer une charte ;

Et ils octroieront une charte.

Et on la prendra !

Et ils s'écrieront : Anathême aux gouvernements qui ont recours à la force !

Et ils répéteront : Il n'est point de gouvernement sans la force.

Et l'on se soumettra !

Et ils ajouteront : Voici venir les capacités ;

Et il n'en viendra guères que des nullités.

Et ils se moqueront de soixante-seize ministres que la restauration a consommés en quinze années ;

Et ils en dévoreront vingt ou trente en moins de quinze mois.

Et ils feront du gouvernement ;

Et ce gouvernement ne devra agir que de par la majorité.

Et la religion catholique sera reconnue dans la loi fondamentale religion de la majorité ;

Et l'on abattra la croix, objet du culte de la majorité.

Et les églises catholiques seront dévastées ;

Et sur ce fait nul ne sera puni.

Et des évêques et des archevêques seront obligés de fuir.

Et des séminaires seront pillés ;

Et sur ce fait nul ne sera inquiété.

Et l'archevêché de Paris, propriété nationale, sera assiégé, envahi, les meubles brisés ; les livres saints, les vases consacrés seront jetés dans la Seine. On aura le spectacle d'un peuple se pillant lui-même.

Et l'archevêque ruiné, dépouillé, sera obligé de chercher un refuge sous le toit d'un ami.

Et les coupables de ces attentats inouïs demanderont des récompenses !

Et l'on fera de la liberté ;

Et pour la liberté des cultes, dans tous les journaux, dans tous les pamphlets, les ecclésiastiques seront représentés comme des monstres, ennemis des peuples;

Et sur les théâtres ils seront bafoués;

Et dans les chansons ils seront insultés;

Et dans les rues ils seront menacés.

Et on leur défendra des prières;

Et on leur ordonnera des prières.

Et ils n'oseront pas porter le vêtement ecclésiastique que l'Église leur enjoint de ne pas quitter;

Et l'on verra des prédicateurs catholiques obligés de laisser croître leurs moustaches.

Et les missions chrétiennes seront défendues;

Et les missions des saint-simoniens seront permises;

Et ces missionnaires de Saint-Simon prêcheront ouvertement l'abolition de la religion chrétienne.

Et pour la liberté de la presse, les éditeurs responsables de *la Quotidienne* et de *la Tribune*, de *la Gazette de France* et de *la Révolution*, de *l'Avenir* et du *Figaro*, et de tout journal indépendant seront poursuivis, jugés et condamnés à la prison des Magalon et des Fontan. M. de Kergorlai sera puni pour avoir parlé; le jeune Nugent, pour avoir écrit, etc., etc.

Et pour la liberté individuelle , MM. de Cony et de Vitrolles seront arrêtés sans dénonciation produite ni signée ; ils seront relâchés sans jugement.

Et des visites domiciliaires seront ordonnées dans toute la France à l'occasion d'une conspiration, dont les conspirateurs seront légalement absous ; et c'est un jeune ministre qui seul enverra ces ordres ; le télégraphe , sans explication possible , les transmettra ;

Et le télégraphe sera obéi.

Et pour la liberté des opinions , le dessin, la gravure et la lithographie étaleront Napoléon Ier et Napoléon II, et toute la famille de Bonaparte , et Marat , et Robespierre ;

Et un lis sur une fenêtre , renfermé modestement dans l'argile du potier , sera regardé comme séditieux.

Et pour la stabilité de nos libertés , les saint-simoniens parcourront les départements avec privilége ; là ils proposeront l'établissement d'un gouvernement de leur création , et n'ayant point de rapport avec celui que l'on vient d'établir en France.

Et l'on se vantera d'avoir joué la comédie pendant quinze ans ; et les scènes variées de cette comédie auront été des protestations mensongères de fidélité, d'attachement, des honneurs sollicités et obtenus, des richesses demandées et que l'on garde, des bassesses, de la flatterie, et..... des sermens !

Et M. Guizot ne sera plus populaire.

Et M. Royer-Collard ne pourra pas devenir populaire.

Et M. Lafitte cessera d'être populaire ;

Et auparavant il aura cessé d'être millionnaire.

Et M. Odillon-Barrot et M. Dupont de l'Eure seront disgraciés pour avoir été trop populaires.

Et avant que le coq ait chanté trois fois, M. Lafayette aura renié le populaire.

Et M. Benjamin-Constant sera mort en désespoir de cause du triomphe populaire.

Et la chambre des députés, créatrice du pouvoir populaire, aura avoué dans sa candeur, qu'elle était devenue, on ne sait comment, impopulaire.

Et on lui demandera : Que faut-il donc faire de vous ?

Et elle répondra : Il faut nous renvoyer.

Et la chambre des députés sera renvoyée.

Et l'on aura promis l'économie ;

Et le budjet sera augmenté de cinq cent millions en peu de mois.

Et la paix coûtera plus cher que la guerre;

Et la guerre serait ruineuse.

Et l'on aura renversé des lois qui comptaient quatorze siècles de durée, comme la loi salique;

Et les lois nouvelles que l'on promulguera seront précédées et suivies de cette formule : A TOUJOURS, A JAMAIS !

Et la vieille monarchie française s'en ira par l'Europe ;

Et les souverains de l'Europe, l'arme au bras, la regarderont passer.

Et ces différentes prédictions seront vérifiées, constatées, accomplies, puisque ce qu'elles prédisent...... c'est le passé !

CHAPITRE XXI.

LE 26 JUILLET 1831.

*

CHAPITRE XXI ET DERNIER.

Le 26 Juillet 1831.

> Coudoyé dans la foule,
> Moins de gré que de force on cède au flot qui roule,
> Et plus que mécontent, mais non pas converti
> On se retrouve au point d'où l'on était parti.
> *La Feinte.*

Il nous reste peu d'instants pour examiner la position où nous laisse une année dont à la fin de ce jour la dernière heure aura sonné : employons-les.

Un grand renouvellement s'est effectué, la chambre de 1830 qui, pour le gouvernement actuel, était bien aussi une chambre introuvable a été dissoute : on aura jugé que l'on s'usait vite à bien faire. Quoi qu'il en soit, les colléges électoraux assemblés, le nombre des électeurs doublé, la moitié seulement des députés sortants a été réélue ; il ne faut pas sans doute en conclure que la France n'approuve plus qu'à moitié l'ouvrage de la première chambre ! nous allons bientôt connaître les intentions de celle qui vient lui succéder : elle a d'immenses travaux à entreprendre, deux budgets, une liste civile, des lois départementales et municipales, le monopole, l'hérédité de la pairie, la guerre ou la paix, des hommes à apprécier, un systême à fonder, etc., etc. Hercule n'y suffirait pas, heureusement nous en avons quatre cent cinquante neuf, mais l'union fait la force ; et la chambre nouvelle sera distraite de ses occupations et tourmentée dans ses devoirs par des discussions fréquentes, inévitables, peut-être passionnées : tant d'éléments divers la composent ! Puisse du choc des opinions jaillir la lumière ! nous avons besoin d'y voir, ne fût-ce que pour nous guider au milieu de ce dédale de dévoûment dont nous avons été témoin : l'un s'est dévoué à la fortune, l'autre à une place ; mille à l'espoir d'en obtenir. On s'est dévoué à dénoncer son ennemi, à ne pas tendre la main à un ami dans la disgrace, on s'est dévoué à la faveur, au pouvoir ; il en est qui ont poussé le dévoûment jusqu'à désirer être ministres. Une fois arrivé à ce poste envié, on a suivi à peu près les traces de ses prédécesseurs, on est tombé dans les petits abymes de la centralisation, de la persécution. Curtius pour sauver Rome se jeta dans un gouffre ; on croit sauver la France en se précipitant dans une ornière : il faudra démêler tout cela.

Quant à l'hérédité de la pairie dont on occupe sérieusement les esprits, nous avons peu de chose à en dire : indispensable sous un gouvernement monarchique, nous ne lui reconnaissons pas la même utilité sous une monarchie républicaine ; et d'ailleurs, une aristocratie qui ne tiendrait pas devant une émeute n'est pas une institution bien conservatrice. Bonaparte se contenta d'un sénat à vie, serons-nous moins populaires que lui ? Au reste, dans toutes les mesures que l'on propose, dans tous les essais que l'on tente contre l'envahissement de la démocratie, il nous semble voir un homme mettre sa main devant la marée montante pour l'empêcher d'avancer.

Au lieu de créer ou d'étendre un privilége, il serait plus urgent, nous le pensons, de faire jouir également tous les Français d'une sage liberté; rendez-nous heureux, si notre opposition vous fatigue : il n'est personne de raisonnable qui veuille s'opposer à son propre bonheur. Le véritable dévoûment, l'honneur et la fidélité sont-ils donc des sentiments si communs qu'il y en ait toujours assez ? est-il d'une bonne politique de les décourager sans cesse?

Le Midi n'a pu oublier en quelques mois les bienfaits, les vertus de la dynastie exilée : au lieu de ménager les opinions, on les heurte, et pour toute prospérité locale on plante des arbres de la liberté dont la majorité des habitants s'afflige ou s'offense.

Dans la Vendée, on dirait qu'on veut forcer au mécontentement : quelques-uns des anciens chefs sous lesquels on a résisté glorieusement à la tyrannie sanguinaire de 93, retirés dès long-temps dans les campagnes de l'ouest, passent au milieu de leurs vieux compagnons d'armes un reste de jours dérobés à l'échafaud; des préfets les interrogent, des généraux les menacent, des visites domiciliaires les troublent, et de vils espions guettent leurs démarches, interprètent leurs discours.

Parcourons d'autres contrées. Des administrateurs dont pendant quinze années les salons furent ouverts à tous les partis sans en exclure les hommes les plus connus pour leur opposition au gouvernement d'alors, se voient aujourd'hui négligés, repoussés par leurs successeurs auxquels ils avaient légué un exemple contraire ; il est vrai que cela ne leur avait pas très bien réussi ; mais enfin, en agissant avec cette légéreté partiale et imprudente, remplit-on les intentions, ou croit-on servir les intérêts du gouvernement nouveau ? on augmente de la famille et des amis de ces parias de récente promotion le nombre des mécontents, toujours trop considérable relativement à la stabilité d'un ordre de chose qui s'établit. Il y a de plus dans ces niaises rigueurs, dans ces étroites combinaisons un reflet de ridicule qui n'épargne pas les inventeurs. Il n'est point de gravité qui puisse tenir devant la conduite de ces petits Sylla, de ces Marius de province, transformant une liste d'invitation au bal en tables de proscription.

Loin d'entretenir la discorde ou d'éloigner les

rapprochements, si nous étions admis au conseil du souverain , quel qu'il soit , peuple ou roi , nous n'hésiterions pas à lui dire : « Vous voulez

« une armée dont la discipline règle le cou-

« rage, honorez devant elle le courage soumis ,

« et prenez plaisir à rappeler quelques-uns des

« plus beaux traits dont s'est illustrée cette garde

« royale, qu'ainsi que la vieille garde impériale

« on ne parviendra jamais à flétrir. Que le peu-

« ple sache qu'un officier supérieur marchant

« le 27 juillet à la tête d'un bataillon d'infan-

« terie, vit un individu caché derrière un arbre

« du boulevart lui tirer à bout portant deux

« coups de fusil dont il ne fut que légèrement

« atteint , il saisit cet homme et lui dit avec

« sang froid : Vous êtes bien maladroit, rentrez

« chez vous! puis il le conduisit dans sa boutique

« à demi-ouverte , à trois pas de là.

« Que vos colonels et tous vos jeunes officiers

« puissent ne pas oublier M. de P***, colonel

« du troisième régiment de la garde. Il reçut

« dès le commencement du combat trois coups

« de feu, ils lui furent tirés d'une fenêtre à

« moitié fermée; il se fit porter par ses grena-

« diers, et demeura pendant vingt-quatre heu-

« res sans qu'aucun appareil ait été mis sur ses
« blessures ; et, constamment à la tête de son
« bataillon, il répétait à ses soldats : « Mes amis,
« nous mourons de faim et de soif ; aux ordres
« qui sont donnés, je vois qu'il nous reste peu
« d'espérance de succès , mais il nous reste à
« mourir pour le Roi ! » Pas un seul homme
« ne manqua à son devoir. Avec de tels chefs la
« trahison est impossible ! M. de P*** ramena à
« Saint-Cloud les débris de son régiment ; peu
« de jours après il avait cessé de vivre. »
     « Que vos soldats se réunissent pour approu-
« ver hautement et pour jurer d'imiter ce sous-
« officier de lanciers porteur d'un ordre impor-
« tant pour le général qui commandait les troupes
« stationnées devant l'Hôtel-de-ville. Il eut à
« essuyer sur le quai de la Ferraille une grêle
« de coups de feu ; il était seul, plusieurs balles
« l'atteignirent , son cheval fut tué sous lui ; il
« lutta contre la foule en fureur, et parvint à
« entrer dans une maison où il changea de vê-
« tements, et malgré ses blessures il eut assez
« de force et de courage pour porter à l'Hôtel-
« de-Ville la dépêche qui lui avait été confiée....
« Il tomba mort en la remettant. »

Nous ajouterions : « Vous avez des courtisans
« et vous sentez le besoin d'être entouré, si non
« de sujets , du moins de serviteurs fidèles.
« Quand un cercle brillant et nombreux vous en-
« vironne, faites éclater votre admiration pour
« une action la plus héroïque dont les trois jour-
« nées (mais qu'est-ce que trois jours ?), dont
« les siècles peut-être aient eu à s'énorgueillir.
« Il est un jeune enfant, il se nomme Frédéric,
« c'est le premier-né d'un amour tendre et con-
« jugal ; le duc de Bordeaux en faisait l'un des
« compagnons favoris de ses jeux : souvent ils
« prenaient ensemble le même repas, les mê-
« mes leçons ; on trouvait entre eux de la res-
« semblance , tous deux s'aimaient. Le père et
« la mère de Frédéric habitaient dans Paris une
« maison modeste , rue de Fleurus. La révo-
« lution de juillet s'accomplit , on répand le
« bruit de la marche des faubourgs sur Saint-
« Cloud , la vie du duc de Bordeaux ne serait
« pas en sûreté ; le père de Frédéric accourt, il
« a échappé à la multitude, il entre au château
« en tenant son fils par la main : on était accou-
« tumé à les voir, ils sont bientôt admis.
 « Je viens sauver le duc de Bordeaux ! — Et

« comment? —En l'échangeant contre mon fils,
« et je supplie que l'on permette cet échange.
« —Y pensez-vous? —Je ne suis pas venu sans
« avoir mesuré l'étendue du sacrifice. — Mais
« votre enfant? — Il le désire. — Et sa mère?
« — Elle se dévoue et consent. — Je refuse,
« moi, s'ils allaient tuer Frédéric? — Nous es-
« pérons, sa mère prie!... »

C'est ainsi que les hommes heureux ou malheureux s'immortalisent.

Passons à la grande question, celle de la
guerre; elle est encore palpitante au milieu de
nous comme aux premiers jours de la révolution
de juillet. Préviendrons-nous l'agression, se con-
tentera-t-on d'organiser la défense du pays et
d'attendre les événements? les avis sont parta-
gés. Les impatients veulent que dès à présent nos
armées ouvrent la campagne, que nous appelions
les peuples à l'insurrection et que nous donnions
la chasse aux rois. Les prudents répondent :
« Pourquoi se jeter dans des embarras nouveaux,
croit-on la guerre un coup sûr, est-on certain de
gagner la partie? Waterloo est-il donc parmi
nous un souvenir effacé? le courage! il est dans

nos rangs; l'héroïsme de la valeur ! il est pour nous héréditaire : sa légitimité date de loin, de Brennus à Clovis, de François Ier à Bayart, de Turenne à Napoléon ; mais Napoléon et Turenne, Bayart et François Ier, Clovis et Brennus ont perdu des batailles ! » Les exaltés s'écrient : « On les gagna toutes au commencement de la révolution de 89, la liberté enfante des héros, l'égalité arme les bras de l'honnête artisan et du laboureur paisible, du fort et du faible. Formons une ligue universelle des peuples contre les rois: le fer, le feu, le poison, plutôt que la honte du joug. » Les politiques répliquent avec effroi : « Mais regardez la France : que de peines, que d'inutiles soins pour prévenir ou apaiser les discordes civiles ! voyez la crainte du pillage, la détresse de la fortune publique, de la fortune privée; écoutez les cris de fureur , l'appel aux opinions passionnées ; que de difficultés sans cesse renaissantes pour assurer l'exécution des lois ! quelle main assez puissante retiendra les nations excitées ! Qui osera, qui pourra faire entendre un langage d'ordre et de raison ; vous aurez donné votre sang et le reste de votre or pour conquérir.... l'anarchie universelle ! »

Au milieu de cette ébulition des esprits, il nous semble reconnaître une voix sage , ouvrant avec tranquilité un avis qui passera pour timide. Elle dit : « L'Europe, il est vrai, a tiré l'épée
« du fourreau, mais au lieu de vous en frapper,
« elle s'est contentée de la suspendre par un
« cheveu sur vos têtes. Vos publicistes se sont
« assemblés, ils ont longuement et savamment
« raisonné sur les lois ordinaires de l'équilibre:
« l'un d'eux a démontré que l'épée pouvait res-
« ter ainsi nue et sans tomber des jours, des
« mois, des années; qu'il suffisait de ne se per-
« mettre au dessous aucun mouvement trop
« brusque ou inaccoutumé; un autre a soutenu
« que l'on finirait par s'accoutumer au danger ,
« et qu'au surplus l'épée ne tuerait pas tout le
« monde. Personne ne paraît avoir songé à un
« remède plus efficace et si simple qu'il rap-
« pelle l'œuf de Christophe Colomb : ce serait
« de changer de position....

« Vous n'êtes pas attachés comme Damoclès
« à une place unique, en vous portant un pas en
« avant, en reculant un pas en arrière, en vous
« jetant même de côté, l'épée ne vous rencon-
« trera plus sous sa pointe redoutable. »

Il est encore un fléau que nous voudrions pouvoir conjurer. La guerre se complique pour nous du choléra-morbus; elle le traîne à sa suite, c'est sa réserve; son triomphe est certain. L'impénétrable Providence le garde-t-elle pour notre instruction ou notre dernier châtiment? Nos bras sont armés en faveur d'une chimérique égalité, Dieu veut-il la rendre possible, réelle, inévitable? sommes-nous destinés en effet à passer tous à la fois sous le niveau de la mort, fin et moyen de nos fougueuses utopies? Nous le craignons!

Que du moins si nous avons attiré sur nos familles et sur nous-mêmes cette terrible calamité, quelques jours nous soient accordés pour une réconciliation, une amnistie générale: il n'y aura pas loin du lit de mort d'un royaliste au lit de mort d'un libéral. Qu'au moment suprême nos mains défaillantes se cherchent pour se presser, et s'élever ensuite et toutes ensemble vers ce ciel qu'enfin, quoique bien tard éclairés, nous regarderons comme notre demeure éternelle.

A ce prix, que la guerre et le choléra s'unissent, qu'ils viennent, qu'ils frappent, qu'ils détruisent, s'il en doit sortir une leçon profita-

ble à ceux qui pourront échapper au double
fléau ! un repentir profond et sincère dans le
cœur des hommes qui seront enlevés à cette
terre , qu'un baptême de sang peut seul peut-
être régénérer...

MINUIT !......

La seconde année de la révolution de juillet
a commencé.

FIN.

Lyon. — Imprimerie de Louis PERRIN.

Table

DES CHAPITRES.

		Pages.
Chapitre premier.— Les trois Journées.		1
Chap. ii. — La Révolution.		15
Chap. iii. — Le Duc de Bordeaux.		25
Chap. iv. — Les Caricatures.		37
Chap. v. — La Duchesse d'Angoulême		49
Chap. vi. — La Mort du duc de Bourbon.		99
Chap. vii. — L'Encan royal.		111
Chap. viii. — Bonaparte		123
Chap. ix. — Les Partis		143
Chap. x. — Le Duc de Reichstadt.		149
Chap. xi. — Les Républicains.		159
Chap. xii. — Le Procès des Ministres.		169
Chap. xiii.—Le Mal de cœur de M. de Montalivet.		183
Chap. xiv. — Les Récompenses nationales		213
Chap. xv.—L'Armée d'Alger.		235
Chap. xvi. — Madame, duchesse de Berry.		251
Chap. xvii. — Mademoiselle		265
Chap. xviii. — Les Émeutes		269
Chap. xix. — Le Romantisme révolutionnaire		285
Chap. xx. — Les Prédictions.		311
Chap. xxi. — Le 26 juillet 1831		321